SKANDINAVISCHE *Weihnachten*

Gemütliche Deko, einfache Rezepte und
liebevolle Geschenke für Dein Zuhause

HEJ!

Hallo, ich bin Anna und schreibe seit vielen Jahren den Blog »Leaves and Butterflies« und den dazugehörigen Instagram-Account. Schon seit ich denken kann, liebe ich es zu fotografieren, zu dekorieren und unser Haus zu einem Zuhause zu machen. Skandinavische Elemente dürfen dabei nicht fehlen, denn Dänemark ist eine meiner Leidenschaften. Der Wohn- und Lebensstil der Dänen, den ich bereits in der Kindheit kennenlernen durfte, ist mir so wichtig geworden, dass man ihn überall in unserem Häuschen wiederfindet und er ein fester Bestandteil unseres Lebens ist.

WIE ALLES BEGANN

Als ich vor zwölf Jahren angefangen habe zu bloggen, war ich gerade mit meinem Lehramtsstudium fertig und brauchte einen kleinen Ausgleich zu meinem Referendariat. Was sich daraus mal entwickeln würde, habe ich nicht für möglich gehalten.

Ein sehr kreativer Kopf war ich schon immer, und wenn ich etwas mache, dann bringe ich es mit ganzem Herzen zu Ende. Damals gab es nur sehr wenige Blogger-Kolleginnen und man kannte sich untereinander. Blogs waren noch sehr neu, wir haben uns ausgetauscht und es sind sogar Freundschaften entstanden, die bis heute andauern. Kurz bevor es Instagram gab, hatte ich meine erste Kooperation mit »Geliebtes Zuhause«. Das ist Jahre her, und auch hier freue ich mich so sehr, dass ich von einer festen Freundschaft sprechen kann: Über die Jahre hinweg sind wir uns treu geblieben und unser Zuhause wäre sicher nicht dasselbe ohne Katja und ihr Team. Irgendwann kam Instagram dazu und Blogs verloren etwas an Bedeutung, was sehr schade ist, da ich abends total gerne in anderen Blogs gelesen habe. »Leaves and Butterflies« schreibe ich übrigens nach wie vor, denn es ist für mich ein bisschen wie »Tagebuch« schreiben. Es ist eine Seite, die mich seit vielen, vielen Jahren begleitet, und ich wäre sehr traurig, wenn es diese einmal nicht mehr geben würde.

DIE IDEE ZUM BUCH

Die Advents- und Weihnachtszeit gehört für mich als Bloggerin zu einer der schönsten Zeiten im Jahr und ist, wenn man den Kopf so voll mit Ideen hat wie ich, immer viel zu kurz.

Du magst diese Zeit genauso sehr? Dann freue ich mich darauf, dich mitzunehmen durch dieses Buch voller Ideen und Anregungen. Ich nehme dich mit durch unseren Advent. Zeige dir, was wir machen, wie wir uns einstimmen, welche Kekse in den Ofen wandern, wie wir unseren Baum schmücken und die Nachmittage gemütlich verbringen.

In den hektischen Zeiten, in denen wir leben, finde ich es manchmal so schwierig, in Weihnachtsstimmung zu kommen, dass ich mich am Abend oft mit all meinen weihnachtlichen Büchern, einem leckeren Tee und Keksen aufs Sofa kuschle und mich einstimme auf die Zeit. Dann überlege ich, was wir alles noch so anstellen, basteln und backen könnten, und fange an, mir die eine oder andere Liste zu schreiben.

ÜBER TRADITIONEN

Traditionen sind mir wichtig, und hier spielt meine Kindheit eine große Rolle. Was wäre Weihnachten

Weihnachtszeit ist Familienzeit. Wir lassen alte Traditionen aufleben und freuen uns auf den Besuch der Wichtelmäuse.

MOUSE

ohne Erinnerungen? Jedes Jahr kommen sie wieder hoch: wie wir zusammen einen Baum ausgesucht haben, der am Ende immer irgendwie etwas zu groß und etwas zu schief war, wir ihn aber immer irgendwie »passend« hinbekommen haben. Wie mein Papa und ich auf dem Boden gelegen und Lichterketten erst entwirrt und dann die Lämpchen getestet haben. Wie ich mit meinem Bruder und meiner Mama Kekse ausgestochen habe. Wie mein Papa und mein Bruder Heiligabend stundenlang Spielzeug aufgebaut haben und wir am nächsten Morgen schon ganz früh bei meinen Großeltern zum Frühstück waren und meine ganze Verwandtschaft getroffen haben; wir fragen uns alle bis heute, wie meine Oma es eigentlich geschafft hat, unsere vielen hungrigen Mäuler mit Gänsebraten zu stopfen – ihr Backofen muss riesig gewesen sein. Wie wir größer wurden, jedes Jahr beim gleichen Weihnachtsfilm Tränen gelacht haben, uns veränderten und es deshalb aber nicht weniger feierlich war. Ich könnte hier ewig weitererzählen. Zum Beispiel über den Weihnachtsbaum, der in der Heiligen Nacht in voller Montur mal umgekippt ist, während ich daneben seelenruhig auf dem Sofa geschlummert habe – das ist eine der Geschichten, die immer wieder von Neuem erzählt werden. Solche Geschichten fangen dann meistens mit einem »Weißt du noch …« an.

Jedes Jahr kommen wir zusammen und wir werden ständig mehr. Und ja, diese Tage sind manchmal etwas anstrengend, doch auch das gehört zu Weihnachten dazu. Ich freue mich einfach jedes Jahr auf diese Jahreszeit und gebe jetzt meinen Kindern etwas von diesen Traditionen und Gefühlen mit, damit es ihnen irgendwann mal genauso geht wie mir heute. Es tut so gut, dass es Dinge gibt, die sich nicht verändern, auf die man sich verlassen kann.

ÜBER NEUE TRADITIONEN

Mein Mann und ich behalten alte Traditionen bei und haben neue eingeführt. Eine dieser sehr skandinavischen Traditionen ist die kleine Wichtelmaus Polly, die schon seit drei Jahren pünktlich zum Advent bei uns einzieht und die den ganzen Advent über ordentlich Unfug anstellt und uns alle auf Trab hält. Ich wünschte, du könntest die leuchtenden Augen meiner Kinder sehen, wenn die kleine Maus in der Nacht an unseren Keksen geknabbert und in den Zimmern der Kinder eine wilde Kuscheltier-Party mit Popcorn gefeiert hat. Manchmal klaut sie Essen aus unserem Kühlschrank und läuft mit ihren schmutzigen kleinen Mäusefüßen durch unsere weiße Küche.

Sie wohnt übrigens hinter einer kleinen Tür in der Wand, die mit einem kleinen Türkranz behängt ist. Davor stehen zwei kleine schwarze Mäusestiefelchen. Bei uns bringt Polly sogar die Adventskalender mit und meine Kinder fragen sich immer, wie sie es schafft, das alles zu tragen. Sie wird gut gepflegt und abends stellen wir ihr ein paar Kekse und etwas Milch hin. Meistens bleibt sie bis in den Januar hinein und hinterlässt dann ein kleines Andenken und einen Brief mit der Bitte, im nächsten Advent wiederkommen zu dürfen, um der Mama im Haus ein wenig unter die Arme zu greifen. Im letzten Advent zog übrigens erstmals noch ein kleiner Freund von Polly namens Nisse ein. So hat nun jedes Kind sein »eigenes« kleines Mäuschen zum Drum-Kümmern.

ÜBER DIESES BUCH

Weihnachten ist für mich besonders und ich finde, man muss das Fest fühlen. Und ich hoffe und wünsche mir sehr, dass dieses Buch ein wenig von meiner Weihnachtsstimmung vermittelt und dazu einlädt, das eine oder andere auszuprobieren. Die Bastelarbeiten sind recht schnell gemacht und helfen vielleicht sogar dabei, etwas zur Ruhe zu kommen. Meine Tochter und ich lieben es, im Advent bei Kerzenschein am Tisch zu sitzen und vor uns hin zu werkeln. Am besten etwas, was man dann gleich an den Baum hängen oder verschenken kann.

Gebacken wird natürlich auch: Wir fangen früh an und hören nicht eher auf, bis alle Keksdosen gut gefüllt sind. Seit einiger Zeit backe ich sogar immer noch extra eine große Keksdose Spritzgebäck für

Freunde in der Ferne und überrasche sie später mit einem leckeren Paket. Ein paar unserer liebsten Rezepte findest du natürlich auch in diesem Buch. Denn was wäre ein Weihnachtsbuch ohne Backideen?

Nachmittags legen wir auf einem großen Teller eine kleine Auswahl unserer Plätzchen zurecht, und dann lassen wir es uns gut gehen. Dazu gibt es heiße Schokolade, Milchkaffee mit etwas Zimt oder leckeren Schokoladen-Mocca.

Was an einem solchen Nachmittag auf gar keinen Fall fehlen darf, ist die passende Musik. Und so höre ich mit meinen Kindern heute genau die gleichen Lieder, die meine Eltern schon mit uns Kindern, meinem Bruder und mir, gehört haben. Dann kommt so langsam ein wenig von dem Weihnachtsgefühl auf, das ich selbst noch zu gut von früher in Erinnerung habe.

Also komm mit: Lehn dich zurück und schau ein wenig durchs Schlüsselloch in unser Weihnachts-Zuhause! Ich freue mich darauf, dich durch dieses Buch zu führen.

DANKESCHÖN

In erster Linie möchte ich meinem Mann Moritz und meinen beiden Kindern Mathilda und Henri danken, die mich zu diesem Buch ermutigt und unterstützt haben, wo sie konnten, und ohne die ich kein Weihnachten mehr feiern möchte! Danke, dass ihr mit mir im April Lebkuchen gebacken, auf Leitern gestanden und fotografiert und anschließend Weihnachtsgebäck genascht habt. Das sind ganz besondere Erinnerungen, die wir uns in besonderen Zeiten geschaffen haben.

Meiner Freundin Janine gehört hier ein ebenso ganz besonders liebes Wort. Ohne Nine würde in diesem Buch etwas fehlen und sie hat auch einen Teil der Bilder fotografiert, die dieses Buch außerordentlich stimmungsvoll machen. So kam es zum Beispiel, dass wir an einem Vormittag im März ein recht weihnachtliches Frühstück hatten, bei dem wir nicht nur leckere Jul-Marmelade gegessen haben, sondern auch Chai-Latte getestet wurde. Das Ende dieses wunderbaren Treffens bestand in schokoladenverschmierten Kindermündern, einer mit Spekulatiusbaisers beladenen Tortenplatte, die auf dem Boden gelandet ist, und darin, dass wir trotzdem einfach nur glücklich waren, da wir es tatsächlich geschafft hatten, den März auszublenden und uns mitten hinein in den Dezember zu beamen.

Meinen Eltern danke ich nicht nur dafür, dass sie mir einen großartigen Sinn für Traditionen vermittelt haben, sondern auch dafür, mir gezeigt zu haben, dass man am Ende alles schaffen kann, was man möchte! Danke, dass ihr immer da seid (und wir früher jedes Jahr den Weihnachtsfilm »Schöne Bescherung« geschaut haben).

Weihnachtsplätzchen, Kerzenlicht und winterliche Blumen versetzen uns in Weihnachtsstimmung.

Mit nur wenigen Handgriffen lässt sich ein Zuhause weihnachtlich dekorieren: Zum Beispiel mit kleinen Bäumchen, die in Vasen und Körben für weihnachtlichen Zauber sorgen.

REZEPTE

Was wäre die Weihnachtszeit ohne den Duft von frisch Gebackenem, der an einem Adventswochenende durchs Haus zieht? Klassische und neue Rezepte machen das Advents-Kaffeetrinken doch gleich noch hyggeliger! Und eine Torte darf auf dem Weihnachtstisch auch nicht fehlen …

MAMAS VANILLEKIPFERL

Das Beste an Vanillekipferln ist auf jeden Fall der köstliche Duft, der das ganze Haus erfüllt, wenn sie im Backofen sind. Ich freue mich immer sehr, wenn ich es geschafft habe, eine Keksdose mit den kleinen fluffigen Köstlichkeiten fertig zu füllen, da ich ehrlicherweise zugeben muss, dass ich nicht die geborene Vanillekipferl-Formerin bin. Ich sehe mich noch als Kind etwas wütend mit meiner Mama in der Küche stehen und schimpfen, weil die Kipferl bei mir ständig eher wie kleine Würste aussahen als Halbmonde. Das, was du hier auf den Fotos siehst, ist das Ergebnis jahrelanger Arbeit. Aber hey, am Ende ist es total egal, wie sie aussehen, denn Tatsache ist: Sie sind so schön mürbe und zuckrig im Mund, dass ich nachmittags bewusst nur ein paar auf den Keksteller lege, denn sonst würden wir sie einfach alle auf einmal aufessen.

ZUTATEN
(für 2 Bleche)

250 g Mehl
1 Msp. Backpulver
120 g gemahlene Mandeln
125 g Zucker
1 Päckchen Vanillezucker
3 Eigelb (das übrig bleibende Eiweiß eignet sich perfekt für die Baisers von S. 26)
200 g weiche Butter

Außerdem

Puderzucker und Vanillezucker zum Wälzen

ZUBEREITUNG

Den Backofen auf 160 °C Umluft vorheizen und zwei Backbleche mit Backpapier auslegen.

Das Mehl mit dem Backpulver sowie den Mandeln mischen und in eine Rührschüssel sieben (dadurch wird der Teig besonders fein). Zucker, Vanillezucker, Eigelb und weiche Butter hinzufügen und alles mit den Knethaken zu einem Teig verkneten.

Aus dem Teig daumendicke Rollen formen und davon kleine Stücke abschneiden. Die Stücke zu kleinen Rollen formen und die Enden etwas dünner ausformen. Die Röllchen leicht gebogen auf die Backbleche legen und die Kipferl im vorgeheizten Ofen etwa 10–12 Minuten backen.

Puderzucker und Vanillezucker mischen und die Kipferl noch warm darin wenden, so hält der »pludrige« Zucker besonders gut.

NUSSECKEN

Ein knuspriger Mürbeteigboden, flüssige Schokolade und geröstete Nüsse – Nussecken schmecken einfach das ganze Jahr. Sie gehören zu unseren Klassikern, die wirklich allen schmecken, und deshalb werden sie bei uns auch immer mal wieder gebacken. Es ist schon ein wenig Arbeit, die sich aber am Ende lohnt, denn die (Vor-)Freude ist groß, wenn man erst mal die Keksdose mit diesem tollen Gebäck aufgefüllt hat.

ZUTATEN
(für 1 Blech)

Für den Teig

120 g Butter + mehr für das Blech
130 g Zucker
1 Päckchen Vanillezucker
2 Eier
300 g Mehl
1 TL Backpulver

Für den Belag

8 EL Aprikosenkonfitüre
180 g Zucker
180 g Butter
2 Päckchen Vanillezucker
250 g gehackte Haselnusskerne

Für die Dekoration

dunkle Kuvertüre

ZUBEREITUNG

Den Backofen auf 160 °C Umluft vorheizen und ein Backblech mit Butter einfetten.

Für den Teig Zucker, Vanillezucker und Butter zu einer cremigen Masse verrühren. Die Eier nacheinander kurz unterrühren. Das Mehl und das Backpulver mischen und in zwei Teilen unter die Ei-Zucker-Butter-Masse kneten. Den Teig auf dem Backblech gleichmäßig ausrollen.

Für den Belag die Aprikosenkonfitüre auf dem Teigboden verstreichen. Den Zucker mit der Butter, dem Vanillezucker und 2 EL Wasser aufkochen. Dann die Haselnüsse zugeben. Die Masse kurz abkühlen lassen und danach auf der Konfitüre verteilen.

Den Teig im vorgeheizten Ofen etwa 20 Minuten backen. Anschließend den noch warmen Teig erst in Vierecke und dann in Dreiecke schneiden. Die Nussecken auf einem Kuchengitter abkühlen lassen.

Für die Dekoration die Kuvertüre über einem Wasserbad schmelzen. Die Keksecken in die Kuvertüre tauchen und die Kekse auf einem Kuchengitter fest werden lassen.

CHRISTMAS CHOCOLATE COOKIES

Als ich begonnen habe, dieses Buch zu schreiben, stand sehr schnell fest, dass dieses Rezept hier auf gar keinen Fall fehlen darf. Die Cookies sind zwar keine klassischen Weihnachtskekse, dafür sind sie durch die extra Schokolade und das Meersalz etwas ganz Besonderes, perfekt für besondere Menschen und als Geschenk für die besondere beste Freundin. Im letzten Advent habe ich meiner Freundin eine große Tüte von diesen Leckerbissen vor die Tür gestellt und sie hat sich riesig darüber gefreut.
Mich erinnern die großen Cookies auch immer ein wenig an einen Urlaub in New York City. Jeden Tag gab es Kaffee und Cookies to go – und die haben einfach so gut geschmeckt!

ZUTATEN
(für ca. 30 Stück)

Für den Teig

120 g zimmerwarme Butter (z. B. Alsan)
200 g Zucker
60 ml Milch
1 EL Speisestärke
60 g Backkakao
2 TL Backpulver
180 g Mehl
200 g Zartbitterschokolade

Für die Dekoration

1 TL grobes Meersalz
1 TL Zimtpulver

TIPP

Da diese Kekse ohne Eier auskommen, kannst du sie ganz einfach auch vegan backen, indem du die Butter durch eine vegane Alternative ersetzt und anstatt der Kuhmilch Hafermilch verwendest.

ZUBEREITUNG

Den Backofen auf 180 °C Umluft vorheizen und zwei Backbleche mit Backpapier auslegen.

Für den Teig die Butter mit dem Zucker schaumig rühren. Die Milch hinzufügen und alles gut vermengen. Speisestärke, Kakao, Backpulver und Mehl mischen. Zur Milch-Butter-Zucker-Masse geben und alles nur so lange verrühren, bis sich die Zutaten miteinander verbunden haben. Die Schokolade grob hacken und etwa 50 g für die Dekoration beiseitestellen. Den Rest unter den Teig heben. Den Teig mit den Händen zu walnussgroßen Kugeln formen und diese mit Abstand (die Cookies gehen beim Backen auseinander, deshalb ausreichend Abstand dazwischen lassen) auf die Backbleche setzen. Die Kugeln mit dem Handrücken etwas flach drücken und im vorgeheizten Ofen etwa 12–15 Minuten backen.

Für die Dekoration anschließend die Cookies sofort erst mit ein wenig von der beiseitegestellten Schokolade, danach jeweils mit 1 Prise Meersalz und einem Hauch Zimt bestreuen. Dann vollständig erkalten lassen. Die Schokolade schmilzt auf den warmen Cookies und kann je nach Geschmack noch mit einem Messer verteilt werden. Erst wenn die Kekse kalt sind, härtet sie aus.

ZIMTKÜCHLEIN

Hast du schon mal gebacken und anschließend bei Wind und Wetter ein Picknick im Garten oder Park veranstaltet?
Es war an einem Tag im Winter. In unserem Garten lag Schnee, was bei uns im Ruhrgebiet schon sehr besonders ist. Meine Tochter und ich haben uns erst eine schöne Zeit in der Küche gemacht und diese kleinen knusprigen Kuchen extra für ein kleines Schneepicknick gebacken. Seitdem erinnern wir uns so gerne an unser Picknick mit den Küchlein mit Zimtkruste und warmem Kakao, an warme Kuscheljacken, gestrickte Handschuhe und Kerzenschein. Und an ein ganz besonderes warmes Gefühl!

ZUTATEN

(für 8–10 Muffinförmchen)

130 g weiche Butter
60 g Zucker
1 Päckchen Vanillezucker
2 zimmerwarme Eier
160 g Mehl
1 TL Backpulver
50 ml Milch

Außerdem

Zucker und Zimtpulver für die Kruste
Muffinblech und -förmchen

ZUBEREITUNG

Den Backofen auf 180 °C Umluft vorheizen. 8–10 Muffinförmchen (so viele Förmchen verwenden, dass sie zum Schluss etwa zwei Drittel gefüllt sind) in das Blech stellen.

Die Butter mit dem Zucker und dem Vanillezucker schaumig schlagen. Dann die Eier nach und nach unterrühren. Das Mehl mit dem Backpulver zu der Ei-Butter-Zucker-Masse geben. Zum Schluss alles mit der Milch verrühren, dabei nur so lange rühren, bis sich die Zutaten miteinander verbunden haben.

Zucker und Zimt vermischen. Jeweils die Hälfte des Teigs in die Muffinförmchen füllen und mit dem Zimt-Zucker bestreuen. Dann den Rest des Teigs in die Förmchen verteilen und erneut mit Zimt-Zucker bestreuen. Die Muffins im vorgeheizten Ofen auf der mittleren Schiene 20–25 Minuten backen. Anschließend die Küchlein auf ein Gitter stürzen und abkühlen lassen.

SPEKULATIUSGUGELHUPF

Gugelhupfe backen wir rauf und runter, sie schmecken immer und werden je nach Jahreszeit in den Rezepten abgewandelt und unterschiedlich getoppt und dekoriert. Spekulatius ist mein All-time-Weihnachtsgewürz und passt perfekt zu einem weihnachtlichen Kuchen. Natürlich kann das je nach Geschmack variiert oder ergänzt werden. Lebkuchengewürz und karamellisierte Haselnüsse kann ich mir hier anstatt der gebrannten Mandeln ebenso gut vorstellen. Hast du überhaupt schon mal deinen Lieblings-Gugelhupf mit gebrannten Mandeln getoppt? Das geht ruckzuck: Dafür einfach einen dicken Zuckerguss anrühren, über den Gugelhupf gießen und mit den Mandeln verzieren. Vor allem in der Adventszeit sieht das nicht nur gut aus, sondern schmeckt noch dazu fantastisch!

Wenn der Zuckerguss besonders glänzend und cremig sein soll, rühre ich Royal Icing an. Royal Icing ist sowohl perfekt, um Kuchen zu verzieren, als auch, um Kekse zu glasieren und dekorieren.

ZUTATEN
(für 1 Gugelhupfform, Füllmenge 2 l)

Für den Teig

- 250 g weiche Butter + mehr für die Form
- 260 g Mehl + mehr für die Form
- 200 g Zucker
- 1 EL Vanillezucker
- 5 zimmerwarme Eier
- 1 Prise Salz
- 3 TL Spekulatiusgewürz
- ½ Päckchen Backpulver
- 40 ml Milch
- 4 Spekulatiuskekse

Für die gebrannten Weihnachtsmandeln

- 200 g Mandelkerne mit Haut
- 110 g Zucker
- 1 Päckchen Vanillezucker
- ½ TL Zimtpulver (oder Lebkuchengewürz)

ZUBEREITUNG

Den Backofen auf 180 °C Umluft vorheizen. Eine Gugelhupfform ausbuttern und mit Mehl ausstauben. Ein Backblech mit Backpapier auslegen.

Für den Teig die Butter mit dem Zucker und dem Vanillezucker zu einer cremigen Masse rühren. Die Eier nach und nach kurz untermixen. Mehl mit Salz, Spekulatiusgewürz und Backpulver mischen. Mit der Milch zur Ei-Butter-Zucker-Masse geben und alles gut verrühren. Zuletzt die Spekulatiuskekse grob zerkrümeln und kurz unterheben. Den Teig in die Form füllen, glatt streichen und im vorgeheizten Ofen 50–60 Minuten backen, dabei die Stäbchenprobe machen. Falls der Kuchen zu dunkel wird, mit Backpapier abdecken. Den fertig gebackenen Gugelhupf aus dem Backofen nehmen und etwa 15 Minuten abkühlen lassen. Anschließend auf ein Kuchengitter stürzen und vollständig erkalten lassen.

Für die gebrannten Weihnachtsmandeln die Mandeln mit Zucker, Vanillezucker, Zimt (oder Lebkuchengewürz) und 50 ml Wasser in einem Topf aufkochen. So lange bei geringer Temperatur einkochen lassen, bis das Wasser verkocht ist; dabei immer wieder gut umrühren. Anschließend die Mandeln auf das Backblech geben, mit zwei Gabeln etwas auseinanderziehen und abkühlen lassen.

TIPP

Zum weihnachtlichen Gugelhupf passt ganz klassisch natürlich geschlagene Sahne. Wenn es etwas Besonderes sein soll, dann ist eine Kardamomcreme sehr lecker. Dafür einfach einen Becher Crème Double mit ½ TL Kardamompulver würzen.

Für das Royal Icing
150–200 g Puderzucker
1 TL Zitronensaft
1 sehr frisches Eiweiß (ca. 30 g)

Für das Royal Icing den Puderzucker (je nachdem, wie dickflüssig das Icing sein soll, die Puderzuckermenge bestimmen, für ein durchschnittliches Gugelhupf-Icing reichen 150 g Puderzucker) in eine Schüssel sieben. Mit dem Zitronensaft und dem Eiweiß verrühren.

Zum Schluss den Guss über den Gugelhupf geben und alles mit den Mandeln dekorieren.

APFELKÜCHLEIN MIT ZIMTSTERNEN

Kein Advent ohne Apfelkuchen! Aber bei uns geht der auch sonst immer. Egal, welche Jahreszeit wir gerade haben, wir lieben ihn alle und backen ihn in den verschiedensten Varianten. Zum Thema Apfelkuchen hat vermutlich jeder seine ganze eigene Geschichte und ich könnte ein ganzes Buch damit füllen. Hier gibt es ihn mal in Form von kleinen Kuchen und anstatt mit geschnittenen Äpfeln mit Apfelmus . Durch das Apfelmus werden die Küchlein so wunderbar saftig und locker, dass sie »ratzkatz« verputzt sind. Sie schmecken übrigens auch einfach nur mit Puderzucker bestaubt oder mit einem Guss aus dicker Schokolade.

ZUTATEN
(für 12 Stück)

Für den Teig

100 g Zucker
100 ml Sonnenblumenöl
2 Eier
180 g Apfelmus
230 g Mehl
1 EL Backpulver
1 Prise Salz
1 TL Zimtpulver

Für die Dekoration

220 g Puderzucker
Saft einer halben Zitrone
12 Zimtsterne

Außerdem

12-er-Muffinblech und -förmchen

ZUBEREITUNG

Den Backofen auf 180 °C Umluft vorheizen. Die Muffinförmchen in das Blech stellen.

Für den Teig den Zucker und das Öl schaumig rühren. Die Eier nacheinander zugeben. Dann das Apfelmus unterrühren. Mehl, Backpulver, Salz und Zimt vermischen und in drei Teilen zur Mus-Masse geben. Die Muffinförmchen jeweils zu zwei Dritteln mit dem Teig befüllen und die Küchlein im vorgeheizten Ofen 12–15 Minuten backen, dabei die Stäbchenprobe machen. Anschließend die Muffins aus der Form nehmen und auf einem Kuchengitter abkühlen lassen.

Für die Dekoration den Puderzucker mit dem Zitronensaft verrühren. Das Royal Icing mit einem Löffel auf die Küchlein geben und diese jeweils mit einem Zimtstern dekorieren.

TIPP

Am besten gleich die doppelte Menge backen und einen Teil bei Herzensmenschen vor die Tür stellen!

WEIHNACHTLICHE SPEKULATIUS-BAISERS

Es gibt etwas, das macht auf einer festlichen gedeckten Kaffeetafel einfach immer etwas her, und das sind richtig große, fluffig und cremig aussehende Baisers. Die dicken Baisertupfen kann man mit allem Möglichen, was man gerne mag, swirlen. Ich habe hier flüssige Schokolade mit Spekulatiusgewürz verwendet, habe Baisers aber auch schon mal sehr dänisch mit Lakritzsirup oder mit eingekochter Himbeersauce durchzogen. Wichtig ist, dass man die flüssige Zutat nur ein wenig mit der Gabel durchzieht, damit sich diese wunderschönen Schlieren bilden.
Die Baisers trocknen im Backofen richtig gut, sodass sie sich, anders als bei einer Pavlova, gut und gerne ein paar Tage halten. Am besten bewahrt man sie in einer Keksdose auf, dann bleiben sie schön knackig.
Nachdem ich diese Leckerei extra für dieses Buch noch mal gebacken habe, hat meine Familie nur darauf gewartet, dass sie die Baisers endlich essen konnte.

ZUTATEN

(für 9 große Baisers)

Für die Baisers

100 g Zartbitterschokolade
4 Eiweiß (Größe M)
½ TL Weißweinessig
200 g Zucker

Für das Topping

100 g Zartbitterschokolade
2 Gewürzspekulatius
½ TL Spekulatiusgewürz

ZUBEREITUNG

Den Backofen auf 100 °C Umluft vorheizen. Ein Backblech mit Backpapier auslegen.

Für die Baisers die Zartbitterschokolade grob hacken und langsam über dem Wasserbad schmelzen. Anschließend etwas abkühlen lassen. Das Eiweiß in eine Schüssel geben und mit der Küchenmaschine steif schlagen. Essig und Zucker hinzufügen und so lange weiterrühren, bis sich der Zucker vollständig aufgelöst hat. Zuletzt die flüssige Schokolade langsam in den Eischnee gießen und vorsichtig mit einer Gabel verteilen; dabei darauf achten, dass die Schokolade nicht zu stark verrührt wird, damit sich Swirls bilden.

Mit zwei Esslöffeln neun große Tupfen der Masse auf dem Backblech verteilen. Die Baisers im vorgeheizten Ofen etwa 100 Minuten backen; sie sind fertig, wenn sie sich ganz leicht vom Backpapier lösen lassen. Anschließend gut abkühlen lassen.

Für das Topping in der Zwischenzeit die Schokolade über einem Wasserbad schmelzen und mit dem Spekulatiusgewürz verfeinern. Die Gewürzspekulatius grob zerkrümeln. Die flüssige Schokolade über die abgekühlten Baisers gießen und mit ein paar Kekskrümeln bestreuen. Die Schokolade gut fest werden lassen.

DÄNISCHE VANILJEKRANSE

Traditionell werden diese Vanillekränze in Dänemark an Weihnachten und Neujahr gegessen. Man kann sie aber das ganze Jahr über backen, da sie einen himmlisch buttrigen Geschmack haben! Ganz klassisch werden die leckeren Kekse übrigens in kleinen Muffinförmchen in einer Keksdose aufbewahrt.
Mein großer Traum ist es, an Weihnachten einfach mal alles einzupacken und die Tage in einem schönen Ferienhaus in Nordjütland zu verbringen. Am allerliebsten in dem kleinen Fischerörtchen Lønstrup, dem Ort meiner Sommer-Kindheitserinnerung. Und dann würden wir, durchgefroren von einem langen Strandspaziergang an den Klippen, vor dem Kamin sitzen mit Glögg – und eben Vaniljekranse!

ZUTATEN
(für ca. 50 Kränze)

250 g weiche Butter
200 g Zucker
1 Prise Salz
4 EL Vanillezucker (siehe S. 102) (oder 2 Päckchen Bourbon-Vanillezucker)
75 g gemahlene Mandelkerne
500 g Mehl
2 Eier

Außerdem
Hagelzucker
Spritzbeutel mit Sterntülle (oder Gebäckpresse)
Muffinförmchen

ZUBEREITUNG

Den Backofen auf 180 °C Umluft vorheizen. Vier Backbleche mit Backpapier auslegen.

Die Butter mit dem Zucker cremig rühren. Das Salz und den Vanillezucker hinzufügen. Die Mandeln und das Mehl mischen und in zwei Teilen zugeben. Zuletzt das Ei mit der Masse verrühren, bis ein gleichmäßiger Teig entsteht. Den Teig in einen Spritzbeutel mit Sterntülle (oder Gebäckpresse) füllen und Kränze auf die Backbleche spritzen.

Etwas Hagelzucker auf die Kränze streuen und das Gebäck im vorgeheizten Ofen 7–10 Minuten backen. Anschließend abkühlen lassen. Die Vaniljekranse in Muffinförmchen geben und in einer Keksdose aufbewahren.

Vanilje-
Kranse

LEBKUCHEN MIT ROYAL ICING

Diese skandinavischen Gewürzkekse (ähnlich den schwedischen Pepparkakor), die ihre Tradition in Schweden haben, dürfen bei uns in keinem Jahr fehlen. Wir lieben es, sie zu backen, da das ganze Haus dabei nach weihnachtlichen Gewürzen duftet. Es sind also die perfekten Kekse, um in absolute Weihnachtsstimmung zu kommen. In Schweden werden sie das ganze Jahr über gegessen, und da früher tatsächlich Pfeffer in den Teig kam, heißen sie übersetzt Pfefferkuchen. Pfefferkuchen sind den deutschen Lebkuchen sehr ähnlich, nur etwas würziger.

ZUTATEN

Für den Teig

250 g flüssiger Honig
100 g feiner Zucker
125 g Butter
500 g Mehl + mehr zum Arbeiten
1 TL Backpulver
1 EL Backkakao
1 Prise Salz
2 TL Zimtpulver
1 TL Gewürznelkenpulver
½ TL Kardamompulver
½ TL Muskatnusspulver
½ TL Anispulver
½ TL gemahlener Ingwer
1 Ei

Für das Royal Icing

250 g Puderzucker
1 sehr frisches Eiweiß
1–2 EL Zitronensaft (nach Bedarf)

Außerdem

evtl. Ausstecher
Dekorierflasche (oder Spritzbeutel mit ca. 1,5-mm-Öffnung)

ZUBEREITUNG

Für den Teig den Honig mit dem Zucker und der Butter in einem Topf unter Rühren aufkochen. Anschließend abkühlen lassen. Mehl, Backpulver, Kakao und Salz mit den Gewürzen mischen. Das Ei unter die Honig-Butter-Masse rühren und dann die Mehlmischung ebenso. Zuletzt alles mit den Händen zu einem glatten Teig verkneten. Den Teig zu einer Kugel formen und in Frischhaltefolie gewickelt über Nacht in den Kühlschrank legen.

Den Teig am nächsten Tag mindestens zwei Stunden vor dem Backen aus dem Kühlschrank nehmen. Den Backofen auf 180 °C vorheizen und ein Backblech mit Backpapier auslegen. Den Teig auf einer bemehlten Arbeitsfläche etwa 0,5 cm dick ausrollen. Die gewünschten Formen mit einem Ausstecher ausstechen oder nach eigenen Ideen mit einem scharfen Messer ausschneiden und mit etwas Abstand auf das Backblech legen. Die Kekse im vorgeheizten Ofen etwa 10–12 Minuten backen. Anschließend auf einem Kuchengitter vollständig abkühlen lassen.

In der Zwischenzeit für das Royal Icing den Puderzucker in eine Schüsel sieben und zusammen mit dem Eiweiß zu einer cremigen Masse mixen. Sollte diese zu fest sein, 1–2 EL Zitronensaft oder Wasser zufügen. Das Royal Icing in eine Dekorierflasche (oder Spritzbeutel) füllen und die Kekse damit dekorieren.

TIPP

Sollen die Lebkuchen als Anhänger verwendet werden, direkt nach dem Backen mit einem Schaschlikspieß ein kleines Loch in den oberen Keksteil bohren. Wie man die Kekse weiterverwenden kann, zeige ich auf S. 34.

LEBKUCHEN ALS ANHÄNGER

Wenn die gebackenen Lebkuchen als Anhänger im Weihnachtsbaum verwendet werden sollen, dann kann einfach direkt nach dem Backen, wenn sie noch heiß sind, ein kleines Loch hineingebohrt werden, damit man sie später mit einem Band aufhängen kann.

Bei uns hängen schon seit einigen Jahren Lebkuchen am Weihnachtsbaum, was stets sehr verlockend ist, wenn man an ihnen vorbeigeht und den Duft in der Nase hat. Mich erinnern sie auch an schwedische Kindergeschichten, die ich heute meinen Kindern vorlese.

Durch die Verzierung mit Royal Icing können die ausgestochenen Kekse zu richtig kleinen Kunstwerken werden. Meine kleine Häuserreihe war mir zum Essen viel zu schade, aber am Bäumchen machen sie sich großartig! Für Kinder ist es ganz sicher etwas sehr Besonderes, Selbstgebackenes an den Baum zu hängen. Ich verwende für die Aufhängung immer dünnes Bäckergarn.

In Schweden sind Pepparkakor ein sehr traditioneller Weihnachtsschmuck. Erst am 13. Januar, dem Sankt-Knut-Tag, wird der Weihnachtsbaum geplündert und abgeschmückt. Dann werden, so wie man es auch aus bekannten schwedischen Weihnachtsgeschichten kennt, die restlichen Pfefferkuchen aufgegessen.

Der klassische Lebkuchenmann ist als Anhänger am Baum natürlich ebenso perfekt, wie all die anderen klassischen Bilder.

LEBKUCHEN-NAKED-TORTE

Was wäre Weihnachten ohne eine festliche Torte? Bei uns steht sie bereits an Heiligabend auf dem Festtisch und sorgt für leuchtende Augen. Die weiße Schokocreme ist so herrlich fluffig, dass die Kinder sie bereits vor dem Backen mit dem Löffel aus der Schüssel naschen.
Ich nehme total gerne kleinere Springformen zum Backen und staple die Torten dann etwas höher.

ZUTATEN
(für 1 Torte)

Für die Böden

200 g weiche Butter + mehr für die Form
150 g Zucker
3 EL Vanillezucker (siehe S. 102)
4 zimmerwarme Eier (Größe L)
1 Prise Salz
250 g Mehl
2 TL Backpulver
100 g gemahlene Mandelkerne
3 TL Lebkuchengewürz
150 ml Milch

Für die Creme

100 g weiße Schokolade
1 Msp. Zimtpulver
300 g süße Sahne
2 EL Zucker
1 Päckchen Sahnesteif
175 g Mascarpone

Für die Dekoration

Lebkuchenmännchen (Rezept für Teig auf S. 30)
Frische Rosmarinzweige
Puderzucker
goldene Sternentopper

Außerdem

2 Springformen (15–18 cm Durchmesser)

ZUBEREITUNG

Den Backofen auf 180 °C Umluft vorheizen. Beide Springformen mit Backpapier auslegen und an den Seitenrändern buttern (wenn man nur eine Springform hat, kann man die Böden nacheinander backen.)

Für die Böden die Butter mit dem Zucker, Vanillezucker und Salz schaumig rühren. Nach und nach die Eier zugeben und kurz aufschlagen. Mehl mit Backpulver, Mandeln und Lebkuchengewürz mischen und zur Ei-Butter-Zucker-Masse hinzufügen. Zuletzt alles mit der Milch glatt rühren.

Den Teig gleichmäßig beide Springformen verteilen und im vorgeheizten Ofen auf der mittleren Schiene etwa 30 Minuten backen. Mit einem Holzstäbchen in der Mitte der Böden testen, ob diese gut durchgebacken sind. Wenn kein Teig mehr an dem Stäbchen hängen bleibt, sind die Böden fertig. Dann aus dem Backofen nehmen und in der Form auf einem Kuchengitter 10 Minuten ruhen lassen. Danach mit einem scharfen Messer am Rand entlang schneiden, die Springformen öffnen und die Böden auf ein Gitter stürzen. Vollständig abkühlen lassen.

Für die Creme die weiße Schokolade grob hacken und langsam über einem Wasserbad schmelzen. Da Schokolade bereits bei 60 °C schmilzt, darf das Wasser nicht zu heiß werden, weil die Schokolade sonst gerinnen kann. Die flüssige Schokolade mit dem Zimt würzen und abkühlen lassen. Die Sahne mit dem Zucker und dem Sahnesteif steif schlagen. Die Schokolade mit dem Mascarpone glatt rühren. Zuletzt die Sahnemasse vorsichtig unterheben.

TIPP

Diese Torte funktioniert nicht nur mit weißer Schokolade, sondern auch mit Zartbitterschokolade. Und das Lebkuchengewürz lässt sich durch Zimt oder Spekulatiusgewürz ersetzen.

Beide Tortenböden begradigen und jeweils in der Mitte horizontal durchschneiden, um vier Tortenböden zu erhalten. Den ersten Tortenboden auf eine Platte legen und 1–2 EL der Schokoladencreme darauf verteilen. Darauf den nächsten Tortenboden legen und ebenfalls gleichmäßig mit Schokoladencreme bestreichen. So weiterverfahren, bis alle Tortenböden verarbeitet sind. Den oberen Boden ebenfalls bestreichen. Den Rand der Torte mithilfe eine Messers mit ganz wenig Schokoladencreme bestreichen, sodass die Tortenböden sichtbar bleiben. Zum Schluss die Torte mit Lebkuchenmännchen, Rosmarinzweigen, Sternentoppern und etwas Puderzucker dekorieren.

BRATAPFEL-GUGELHUPF

So sehr ich weihnachtliche Törtchen liebe, fast noch mehr mag ich würzige »feste« Kuchen. Vor allem im Advent liebe ich es, sie mit weihnachtlichen Gewürzen und Aromen zu toppen. So bekommen sie eine ganz besondere Note.

ZUTATEN
(für 1 Gugelhupfform, Füllmenge 2 l)

Für das Kompott

3 große säuerliche Äpfel (am besten Boskop)
1 EL Zitronensaft (oder Rum)
150 g brauner Zucker
1 EL Vanillezucker
1 TL Zimtpulver

Für den Teig

200 g weiche Butter +mehr für die Form
280 g Mehl + mehr für die Form
180 g Zucker
1 EL Vanillezucker
4 zimmerwarme Eier
80 g gemahlene Mandelkerne
1 Prise Salz
2 TL Kardamompulver
1 halbes Päckchen Backpulver
150 ml Milch

Für die Dekoration

Puderzucker
4–5 Rosmarinzweige und Draht

ZUBEREITUNG

Für das Kompott die Äpfel schälen, entkernen und in kleinere Stücke schneiden. Mit Zitronensaft (oder Rum), braunem Zucker, Vanillezucker und Zimt in einen Topf geben. Dann die Äpfel unter Rühren bei mittlerer Temperatur einkochen. Das Kompott darf etwas stückig bleiben, ggf. mit dem Pürierstab zerkleinern. Vollständig abkühlen lassen.

Für den Teig den Backofen auf 180 °C Umluft vorheizen. Eine Gugelhupfform ausbuttern und mit Mehl ausstauben. Die Butter mit dem Zucker und dem Vanillezucker zu einer cremigen Masse rühren. Die Eier nach und nach kurz untermixen. Das Mehl mit Mandeln, Salz, Kardamom und Backpulver mischen und nach und nach im Wechsel mit der Milch in die Ei-Butter-Zucker-Masse geben und gut verrühren. Zuletzt 260 g von dem Apfelkompott unterheben.

Den Teig in die Form füllen, glatt streichen und im vorgeheizten Ofen 45–50 Minuten backen, dabei die Stäbchenprobe machen. Falls der Kuchen zu dunkel wird, mit Backpapier abdecken. Den fertigen Gugelhupf aus dem Backofen nehmen und etwa 15 Minuten in der Form abkühlen lassen. Anschließend auf ein Kuchengitter stürzen und vollständig erkalten lassen.

Für die Dekoration den Gugelhupf auf eine Tortenplatte setzen und mit Puderzucker bestauben. Vier bis fünf Rosmarinzweigen zu einem kleinen Kranz formen und jeweils die Enden mit Draht zusammenbinden. Den Kranz auf den Kuchen legen.

TIPP

Der Gugelhupf schmeckt super lecker mit warmer Vanillesauce.

ENJOY

Wenn es draußen kalt ist, machen wir es uns drinnen gemütlich und backen weihnachtliche Kekse sowie Kuchen in allen Varianten.

ADVENTSDEKO IM RAUM UND AUF DEM TISCH

Ein weihnachtliches Zuhause, ein schön geschmückter Tisch – Kränze, Hyazinthen und Sterne sorgen für ein stimmungsvolles Ambiente, das sich im Handumdrehen dekorieren lässt.

(KRÄUTER-)KRÄNZE BINDEN

In den letzten Jahren sind so viele Kränze durch meine Hände entstanden, dass ich sie gar nicht mehr alle aufzählen kann. Kränze in allen möglichen Größen und aus den verschiedensten Zutaten. Das Prinzip ist immer dasselbe, und wenn man erst etwas Übung hat, dann kann man es irgendwann im Schlaf. In den letzten drei Jahren habe ich sogar unsere Adventskränze selbst gebunden. Sie halten einfach viel länger als die gekauften und duften himmlisch gut. Der größte Kranz, den ich gebunden habe, hatte einen Durchmesser von 120 cm und hing einen Advent lang an unserer Wand im Esszimmer. Für mich ist es die schönste Deko, die ich mir in der Weihnachtszeit vorstellen kann. Am allerliebsten mag ich es, wenn die Kränze dünn und etwas buschig sind.
Es ist wie eine kleine Meditation, sich erst die grünen Zweige zurechtzuschneiden und sie dann mithilfe von Draht zu Kränzen zu binden. Unser Garten gibt dazu einiges her. Ansonsten nehme ich bei unseren Waldspaziergängen immer gerne einen Korb mit und wir sammeln, was wir in die Finger bekommen können.

BENÖTIGTES MATERIAL

Blumendraht (z. B. von Rayher)
evtl. Drahtring-Rohling als Kranzgrundlage
verschiedene Zweige und Kräuter
Rosenschere oder Kräuterschere

TIPP

In der folgenden Anleitung zeige ich dir, wie du kleinere Kränze aus Kräutern bindest.
Du kannst mit der Anleitung aber jeden Kranz binden, den du möchtest.

SO WIRD'S GEMACHT

Einen Ring aus Blumendraht in der gewünschten Größe biegen und mehrmals mit dem Blumendraht umwickeln, sodass er etwas fester wird. Bei größeren Kränzen empfiehlt es sich, evtl. einen fertigen Rohling zu verwenden, da man dann eine stabilere Grundlage hat.

Von größeren Zweigen kleinere Stücke abschneiden, und zwar so, dass man vor allem die schönen, nicht verholzten Enden verwenden kann. Je kleiner die Stücke zugeschnitten werden, umso filigraner wird am Ende der Kranz.

Nun werden kleine Kräutersträuße zurechtgelegt und an den unteren Enden auf dem vorbereiteten Ring mit Blumendraht befestigt.

Das nächste Sträußchen wird über die Enden des bereits befestigten Grüns gelegt, sodass der darunterliegende Draht nicht mehr sichtbar ist. So fährt man immer weiter fort, bis man am Ende des Kranzes angekommen ist.

Für das Ende vom Kranz die Enden des letzten Sträußchens unter die kleinen Zweige des Anfangs schieben und so festbinden, dass man den Draht möglichst nicht sieht.

Je nachdem, welche Kräuter man verwendet, sehen die Kränze am Ende auch ganz anders aus, und genau das finde ich toll, da man hier seinen eigenen Ideen absolut freien Lauf lassen kann.

Diese kleinen Kräuterkränze binde ich übrigens das ganze Jahr über immer mal wieder. Mindestens einer hängt ständig in unserer Küche. Kränze sind außerdem ein persönliches und wundervolles Geschenk.

Und an Weihnachten sind Kränze an den Wänden und auf Tischen verteilt die perfekte Adventsdeko. Es gibt für mich in der Weihnachtszeit einfach nichts Schöneres als einen schlichten Kranz mit einer passenden Kerze.

DEKORIEREN MIT KRÄNZEN

Was wäre die Weihnachtszeit nur ohne grüne Kränze? Sie haben im Advent eine lange Tradition und verkürzen uns die Wartezeit bis zum Weihnachtsfest. Meistens haben wir zu Hause einen recht klassischen Adventskranz auf dem Esstisch. Je schlichter der ist, umso schöner finde ich ihn. Ein grüner Kranz mit vier weißen Kerzen reicht oft aus, ganz nach dem Motto »weniger ist mehr«. Manchmal dekorieren wir ihn noch mit ein paar gefalteten Origamisternen (siehe S. 112), Schleifenband oder Lärchenzweigen. Besonders für meine Kinder ist es einfach ein schöner Moment, wenn jeden Sonntag eine neue Kerze angezündet wird. Mittlerweile ist meine Tochter größer und darf dann sogar selbst die Kerze entzünden.

Aber es muss nicht immer nur der eine klassische Adventskranz mit den vier Kerzen sein: Bei uns gibt es im Advent kaum ein Zimmer, in dem kein Kranz zu finden ist, ja bei uns hängen die Kränze sogar an der Wand! Ich liebe es, sie zu binden und dann in unserem Zuhause zu verteilen. Im Wohn-, Esszimmer und in der Küche werden kleinere Kränze aus Tanne, Fichte, Eukalyptus, Rosmarin, Olive und anderen grünen Zweigen gebunden und mit einem schlichten Band aufgehängt. Dadurch verteilt sich der weihnachtliche Duft in allen Räumen.

Ich verwende dafür die unterschiedlichsten Zweige, je nachdem, was ich gerade so finde oder auf dem Markt oder im Blumenladen bekomme. Am liebsten mag ich es, wenn in einem Kranz verschiedene Zweige kombiniert werden, da so auch unterschiedliche Grüntöne zusammenkommen.

Etwas ganz Besonderes sind außerdem die Messingkränze, in die man vier Stabkerzen setzen kann. Entweder lässt man den Messing-Circle ganz ohne Grün und er bleibt so schlicht, wie er ist. Oder man setzt ihn auf einen oder mehrere grüne Kränze.

Über die Jahre hinweg sind in unserem Haus wirklich viele Kränze entstanden. Und jeder war auf seine Art schön und einzigartig!

Kränze gibt es bei uns im Dezember in jedem Raum. Sie verbreiten ihren weihnachtlichen Duft und zaubern in Kombination mit Kerzen eine besondere Atmosphäre.

HÄNGENDER ADVENTSKRANZ

Ein ganz besonderes Highlight in der Adventszeit ist der Kranz aus Metall. Er lässt sich auf viele verschiedene Weisen dekorieren, oder er bleibt ganz schlicht, so wie er ist. Egal ob hängend oder auch auf dem Tisch – er ist ein Klassiker der dänischen Dekoration.

BENÖTIGTES MATERIAL

Kranz aus Metall mit vier Kerzenhaltern
(z. B. Kerzenhalter Circle Gold von Ferm Living über Geliebtes Zuhause)
Blumendraht
Schere
Eukalyptus
Schleierkraut
Stabkerzen
(z. B. von Ferm Living über Geliebtes Zuhause)

TIPP

Damit der schöne Metallring sichtbar bleibt und nicht komplett in grünen Zweigen verschwindet, werden kleine Sträuße gebunden, die dann in regelmäßigen Abständen mit Blumendraht an dem Ring befestigt werden.

SO WIRD'S GEMACHT

Eukalyptus und Schleierkraut auf eine Länge von ca. 14 cm zuschneiden und mit Hilfe des Blumendrahts zu kleineren Sträußen binden.

Die Eukalyptussträuße nun mit Abstand locker an den Metallring binden und den Kranz mit Stabkerzen bestücken.

Auf S. 82 befindet sich die Anleitung für die Kugeln aus Papierstreifen, die sich perfekt als Dekoration für den Kranz eignen.

Klein oder groß, dick oder dünn, buschig oder glatt: Bei selbst gebundenen Kränzen sind der Fantasie keine Grenzen gesetzt.

ADVENTSKALENDERKERZEN

Jeden Tag im Advent zünden wir unsere Adventskalenderkerze an. Man kann sie entweder kaufen, oder ganz einfach selber machen.

BENÖTIGTES MATERIAL

Wachslinsen (z. B. von Rayher)
Schmelzgefäß/Schmelzschale (z. B. von Rayher)
Glas für die Kerze
Duftöl (z. B. Zimt, Orange oder Vanille von Rayher)
Kerzendocht (z. B. 150 mm gewachst von Rayher)
längerer Holzspieß und evtl. Büro- oder Wäscheklammern
Etikett (ausgedruckte Vorlage von S. 124–125)

MEINE TIPPS ZUR PFLEGE VON DUFTKERZEN

Den Docht der Kerze regelmäßig kürzen, vor jedem Anzünden auf etwa 0,5 cm. Das Gleiche gilt natürlich auch für Kerzen, die noch nicht gebrannt haben. Durch den kleineren Docht ist die Flamme kleiner und die Kerze kann gleichmäßiger abbrennen. Außerdem rußt die Kerze so nicht.
Brennt die Kerze, sollte sie erst dann wieder ausgemacht werden, wenn die komplette obere Wachsschicht flüssig ist. Nur so kann das Wachs gleichmäßig abbrennen, ohne dass am Rand etwas stehen bleibt.
Die Kerze am besten mit einem Löscher oder einem brennsicheren Deckel löschen. So verhindert man, dass das flüssige Wachs beim Auspusten aus dem Glas spritzt.
Duftkerzen sollten nicht in der Nähe von geöffneten Fenstern stehen, denn so bekommen sie Zugluft und können nicht gleichmäßig abbrennen.

SO WIRD'S GEMACHT

Die Wachslinsen in ein Schmelzgefäß geben, dabei die passende Linsenmenge mit dem Kerzenglas abmessen. Ein Wasserbad vorbereiten; da Kerzenwachs bei 60 °C schmilzt, muss das Wasser nicht kochen.

Die Linsen über dem Wasserbad erwärmen, bis das Wachs flüssig ist. Sobald das Wachs flüssig ist, das Duftöl hinzufügen. Je nach Duft und eigenem Geschmack variiert die Menge, pro Kerze sollten aber mindestens 15 Tropfen hinzugefügt werden.

Eine ganz kleine Menge von dem Wachs in das Glas gießen und den Docht in die Mitte drücken, bis das Wachs fest ist.

Einen längeren Holzspieß über das Glas legen und diesen evtl. an den Glasrändern mit Büro- oder Wäscheklammern fixieren. Den Docht vorsichtig um den Stab drehen, sodass dieser gerade im Glas steht und nicht mehr verrutscht.

Das Wachs nun langsam in das Glas gießen. Wenn alles erkaltet ist, den Docht von dem Holzspieß lösen. Manchmal bildet sich in der Kerzenmitte nach dem Erkalten ein kleiner Krater, den man ggf. noch mal mit flüssigem Wachs aufgießen kann.

Zuletzt das Etikett auf das Glas kleben.

FILIGRANE STERNE AUS PAPIERTÜTEN

Die folgenden Sterne sind super schnell gebastelt und ein echter Hingucker. Macht man sie aus kleinen »Zauberpapiertüten«, dann können sie, je nach Muster, sehr filigran sein und die perfekte Deko für den Weihnachtsbaum. Sie lassen sich aber auch aus Butterbrottüten anfertigen und dann z. B. vor einer Fensterfront arrangieren.

BENÖTIGTES MATERIAL

Papierminitüten 5,3 x 11,5 cm und 4,5 x 6 cm (z. B. von Rayher)
Papierkleber
scharfe Schere
evtl. Vorlage und Bleistift

SO WIRD'S GEMACHT

Pro Stern werden etwa zehn Tüten benötigt. Diese bereitlegen und jeweils fünf Tütchen folgendermaßen zusammenkleben: Ein kleiner Klebestreifen wird an der unteren (geschlossenen) Papiertütenkante aufgetragen und ein weiterer senkrecht darüber in der Mitte der Tüte. Kurz trocknen lassen.

Man kann auch direkt alle Tüten aufeinander kleben, aber dann ist es im nächsten Schritt wesentlich schwieriger das Muster einzuschneiden.

Mit einer scharfen Schere auf beiden Seiten der Tüten ein Muster einschneiden, das auf beiden Seiten möglichst identisch sein sollte. Hier kann man sich evtl. auch im Vorfeld eine Vorlage erstellen und sich diese mit einem Bleistift auf die Tüten zeichnen.

Zur Stabilität des Sterns ist es wichtig, dass beim Einschneiden die untere (geschlossene) Kante nicht beschnitten wird. Genauso sollte man nicht über die senkrechte Mitte der Tüten schneiden, da sonst die Klebestreifen beschädigt werden.

➜

Das andere Tütenpäckchen genauso zuschneiden. Dafür kann man die bereits geschnittenen Tüten als Vorlage verwenden. Anschließend die beiden Päckchen so wie oben beschrieben aufeinander kleben und kurz trocknen lassen.

Wenn der Kleber getrocknet ist, kann man die Sterne ganz vorsichtig auseinanderziehen und an den beiden offenen Seiten aneinanderkleben.

Die Seiten hier kurz aufeinanderdrücken, bis sie gut aneinander halten.

STERN AUS ZWEIGEN

Am allerliebsten mag ich Weihnachtsdeko, die ganz schlicht und am besten noch aus Naturmaterialien ist. Diese Sterne hier sind daher perfekt, denn man kann man bei einem langen und schönen Spaziergang passendes Material dafür sammeln und dieses anschließend zu einer ganz besonderen Deko verarbeiten.

BENÖTIGTES MATERIAL

6 dünne, möglichst gerade Zweige
Rosenschere
Juteband (z. B. von Rayher)

TIPP

Die Sterne sind eine tolle Deko im weihnachtlich-winterlichen Garten, wenn man sie in verschiedenen Größen an den Gartenzaun oder in einen Baum hängt. Außerdem lassen sie sich super mit einer Lichterkette umwickeln, sodass sie dann auch in der Dunkelheit strahlen.

SO WIRD'S GEMACHT

Die Zweige mit einer Rosenschere auf die gleiche Länge von ca. 25–30 cm kürzen, je nachdem, wie groß der Stern am Ende werden soll.

Für einen Stern aus jeweils drei Zweigen zwei Dreiecke legen und die Enden mit dem Juteband umwickeln und verknoten.

Die beiden Dreiecke so übereinanderlegen, dass ein Stern entsteht, und die Stellen, an denen sich die Dreiecke berühren, ebenfalls mit dem Juteband umwickeln und verknoten. Fertig!

DER WEIHNACHTLICHE TISCH

An den Weihnachtstagen wird der Tisch festlich dekoriert. Farblich bleibt alles in einer Linie, denn so zieht sich ein roter Faden durch die gesamte Weihnachtsdekoration und sie wird einheitlich und stimmig.
Leinendecken und Servietten werden dann liebevoll mit kleinen Details auf unserem Tisch eingedeckt. Die Servietten werden ganz locker eingerollt und anschließend auf die Teller gelegt. Schön sind dazu noch kleine Details, wie ein kleiner Kräuterkranz, der um die Serviette gelegt wird, ein liebevoll gebackener Keks, ein Zapfen auf dem Teller oder ein lockeres Schleifenband, das die Serviette zusammenhält.
Was auf gar keinen Fall fehlen darf, sind Kerzen und etwas Grün, z. B. in Form von Hyazinthen. Die lassen sich auf die unterschiedlichsten Arten in die Tischdekoration einbringen. Eine weitere Variante ist, sie in Laternen mit etwas angefeuchtetem Moos zu setzen.
Ganz besonders wird es, wenn selbst gesammelten Lärchenzweige aus dem Wald zur Deko werden, indem sie einfach als kleine Girlande auf dem Tisch angeordnet werden.

Wenn der Weihnachtstisch fertig gedeckt ist, lege ich jedem noch eine Kleinigkeit auf den Teller. Das kann ein Keks sein, eine Süßigkeit oder eine kleine Bastelei.

DREIMAL DEKO MIT HYAZINTHEN

Für mich gibt es keine Adventsdeko, ohne dass nicht irgendwo auch ein paar Hyazinthen eingebracht werden. Sie sind so vielseitig einsetzbar, halten sich gut und man bekommt sie ohne Probleme beim Wocheneinkauf. Meistens bekommt man Hyazinthen einzeln in kleinen Töpfchen oder auch zu dritt. Es gibt sie in vielen Farben, aber wir verwenden immer die weiße Variante. Meistens kaufe ich ein paar auf Vorrat ein und stelle die noch nicht benötigten Pflänzchen an eine geschützte Stelle nach draußen, sodass ich verblühte Blumen gleich austauschen kann. Da Hyazinthen nur sehr wenig Wasser benötigen, eignen sie sich perfekt für die folgenden drei Deko-Ideen.

BENÖTIGTES MATERIAL

weiße Hyazinthen
Pinsel
Flitterkleber (z. B. von Rayher)
Streuflitter/-glitzer in Gold oder Kupfer (z. B. von Rayher)
Schere
diverse Gläser (Kerzen)Gläser (z. B. von TineKHome über Geliebtes Zuhause)
1 quadratisches Stück Packpapier (ca. 14 x 14 cm)
Frischhaltefolie
Juteband (z. B. von Rayher)
1 Glasbehälter (z. B. Vase) ca. 25 cm hoch (z. B. von Geliebtes Zuhause)
Moos
Zweige (z. B. Lärchenzweige)

SO WIRD'S GEMACHT

Hyazinthen glitzernd
Die Hyazinthen aus dem Blumentopf nehmen. Mithilfe eines Pinsel etwas Flitterkleber auf die noch geschlossenen Knospen streichen. Mit etwas Glitzer bestauben und kurz trocknen lassen. Die überschüssige Erde und Wurzeln mit einer Schere entfernen. Anschließend lassen sich die Pflänzchen entweder in hübsche Gläser stellen oder mit einer der folgenden Anregungen weiterverarbeiten.

➜

SO WIRD'S GEMACHT

Hyazinthen hübsch verpackt
Eingepackt lässt sich die Blume einfach irgendwo hinstellen. Für so eine Verpackung zunächst einen Großteil der Blumenerde entfernen und die feinen Wurzeln befeuchten. Ein quadratisches Stück Packpapier mit etwas Frischhaltefolie auslegen, die Hyazinthe daraufstellen und das Papier nach oben falten. Am oberen Rand mit Juteband verschnüren. Das kleine Paket alle paar Tage öffnen und die Wurzeln wieder neu befeuchten.

SO WIRD'S GEMACHT

Hyazinthen im Glas

Einen hohen Glasbehälter, z. B. eine Vase, mit etwas Moos befüllen. Entweder den Boden mit Moos auslegen oder das Moos zu Kugeln zusammendrücken und diese in die Vase legen. Eine Hyazinthe komplett von Erde befreien, die Wurzeln sehr stark kürzen und die Blumenzwiebel sauber waschen. In der Mitte eines kleinen Zweiges ein Stück Juteband befestigen. Am anderen Ende des Bandes die Blumenzwiebel verknoten. Zuletzt den Zweig über die Öffnung der Vase legen, sodass die Pflanze in der Vase baumelt. Es sieht toll aus, wenn die Hyazinthe dann anfängt zu wachsen.

Laternen und Kerzen in verschiedenen Größen sind eine schöne sowie schlichte Adventsdeko.

Einheitliche Farben bringen Ruhe und Gemütlichkeit in den Raum. Ich verwende gerne die Farben Weiß, Beige, Grau und Grün.

WEIHNACHTS-SCHMUCK AUS PAPIER

Papierschmuck gehört in Dänemark zum Weihnachtsfest dazu. Überall in den Wohnungen und Häusern werden die verschiedensten Papiersterne verteilt. Im Folgenden findest du deshalb zahlreiche Anregungen, wie du auf vielfältige Weisen Sterne aus Papier herstellen kannst. Ganz besonders werden diese, wenn du unterschiedliche Papiere miteinander kombinierst.

SCHNEEFLOCKEN AUS PAPIER

Diese Anleitung eignet sich perfekt als kleine Bastelei zwischendurch. Sie ist auch super für einen gemeinsamen gemütlichen Nachmittag mit Kindern im Advent. Meine Tochter liebt es, Papier zu falten und daraus einen, wie sie immer sagt, »Fächer« zu machen. Und man muss sich dabei gar nicht zu sehr anstrengen: Am Ende fällt es nämlich nicht auf, wenn das Papier nicht so ordentlich gefaltet ist, da man einfach nur auf die wunderschönen Muster achtet, die beim Einschneiden entstehen.

BENÖTIGTES MATERIAL

- verschiedene Papiersorten in dezenten Farben (am besten Drucker- oder Geschenkpapier)
- Lineal
- Bleistift
- Schere
- evtl. Schablone
- Bäckergarn oder Tacker
- Klebestift

SO WIRD'S GEMACHT

Aus unterschiedlichen Papieren mit einem Lineal verschieden lange Rechtecke aufzeichnen und ausschneiden, z. B. 4 x 12 cm für eine kleinere Schneeflocke.

Das Papier von der kurzen Seite aus zu einer Ziehharmonika falten (ca. 5 mm breit). Je schmaler die Falten sind, umso filigraner wird am Ende die Schneeflocke.

Die Ziehharmonika in der Mitte falten und ein Muster aus dem gefalteten Papier schneiden. Dabei muss darauf geachtet werden, dass man das gefaltete Papier nicht aus Versehen durchschneidet. Je dünner das Papier ist, umso einfacher lässt sich jetzt mit der Schere arbeiten.

→

Das Muster soll auf beiden Seiten gleich sein, da die Enden zusammengeklebt werden. Hierfür kann man evtl. auch eine Schablone erstellen und das Muster mit einem Bleistift übertragen.

Die Schneeflocke entweder in der Mitte mit einem Stück Bäckergarn umwickeln oder quer zusammentackern. Anschließend auseinanderhalten und die Enden der Ziehharmonika mit einem Klebestift vorsichtig zusammenkleben.

TIPP

Mit einem kleinen Band als Aufhänger in einem der entstandenen Löcher, eignen sich kleinere Schneeflocken perfekt als Schmuck am Weihnachtsbaum oder auch als kleine Deko auf Geschenken. Viele Schneeflocken aneinandergereiht ergeben eine tolle Girlande. Und größere Exemplare lassen sich super als Weihnachtsdekoration an der Wand anbringen.

GEFALTETE ENGELCHEN

Es ist einfach schön, mit Papier zu arbeiten. Ich habe eine richtig große Sammlung an verschiedenen Papieren und kann in Bastelgeschäften nie daran vorbeigehen.
Am liebsten mag ich es, wenn die Papieroberfläche leicht angeraut ist und das Material dadurch eine besondere Haptik hat.
Wenn man einen kleinen »Papierfundus« angelegt hat, kann man verschiedene Farben und Stärken miteinander kombinieren. Sogar gemusterte Tapeten eignen sich für einige Arbeiten perfekt.
Für diese Engelchen aus Papier sind Druckerpapier, Zeitungspapier oder Geschenkpapier super, da diese sich leicht falten lassen.

BENÖTIGTES MATERIAL

Papier (Stärke 80–100 g/m^2)
Lineal
Bleistift
Schere
Bäckergarn
Klebestift

SO WIRD'S GEMACHT

Für einen Engel auf das Papier mit einem Lineal 10 x 10 cm und 10 x 20 cm große Rechtecke aufzeichnen und ausschneiden.

Das große Rechteck von der Längsseite zu einer Ziehharmonika falten (ca. 3–5 mm breit). Je schmaler die Falten sind, umso filigraner wird der Engel. Das kleinere Stück Papier genauso im Zickzack falten.

Die so entstandenen Streifen in der Mitte falten und die kleinere über die größere Ziehharmonika legen. 1,5 cm von der oberen Kante mit einem Stück Bäckergarn umwickeln und verknoten.

Den Bleistift vorsichtig durch das Loch oberhalb des Bäckergarns schieben. So entsteht der Kopf des Engelchens.

Das gefaltete Papier vorsichtig auseinanderziehen. So entstehen die Flügel und das Kleid des Engelchens. Den unteren Teil der Flügel mit einem Klebestift am Kleid festkleben. Zuletzt das Kleid in der Mitte zusammenkleben.

KUGELN AUS PAPIERSTREIFEN

Papierarbeiten sind für mich schon seit dem Kunststudium mehr als nur ein Hobby. Irgendwie hängt mein Herz an diesen filigranen Arbeiten. Und wenn man dann noch ganz schnell zu solchen Ergebnissen wie den folgenden kommt, macht es gleich noch mehr Freude. Eine ganze Schachtel voll mit Kugeln aus Papierstreifen, eingehüllt in passendes Seidenpapier, sind außerdem ein wunderbares und ganz persönliches Geschenk.

BENÖTIGTES MATERIAL

Papier (Stärke 80–100 g/m²) oder fertige Papierstreifen (z. B. von Rayher)
Lineal
Bleistift
Schere
Lochzange
Musterbeutelklammern
dünnes Bäckergarn

TIPP

Die Breite und Länge der Streifen lässt sich variieren: je länger die Streifen, umso größer die Kugel und je breiter die Streifen, umso weniger Streifen werden für eine Kugel benötigt. Es sieht toll aus, wenn man Kugeln aus unterschiedlichen Papierstreifen miteinander kombiniert, um sie z. B. an einen Zweig oder den Weihnachtsbaum zu hängen. Auch ausgefallene Tapetenreste eignen sich für diese Papierarbeit perfekt.

SO WIRD'S GEMACHT

Für eine Papierkugel auf das Papier mit einem Lineal zehn bis zwölf Steifen von 1 cm Breite und 12 cm Länge aufzeichnen und ausschneiden.

Alle Papierstreifen werden dann 0,5 cm vom oberen und unteren Rand entfernt gelocht.

Jeweils eine Musterbeutelklammer durch die Löcher stecken und die Papierstreifen vorsichtig auseinanderziehen. Man kann auch erst mal nur an einem Ende eine Musterklammer anbringen, die einzelnen Streifen dann wie bei einem Stern auseinanderziehen und erst danach am unteren Ende die Klammer durch die Löcher der Streifen fädeln.

Zum Schluss jeweils ein Stück Bäckergarn an einer der Musterklammern befestigen, so hat man gleich eine Aufhängung für die Kugeln.

ORNAMENTANHÄNGER

Für die Ornamentanhänger benötigt man nur ganz wenig Material, und deshalb kann man direkt starten. Es ist die perfekte Anleitung für ein bisschen Zeit zwischendurch oder auch um sich nach einem stressigen Tag zu erholen.

BENÖTIGTES MATERIAL

festes Stück Papier oder Karton
Bleistift
Schere
Papier (z. B. weißes Druckerpapier)
Klammern
Papierkleber (z. B. von Rayher)
evtl. dünnes Band oder Kordel

TIPP

Die Ornamentanhänger sind der perfekte Weihnachtsbaumschmuck!
Sie lassen sich auch aus unterschiedlichen Papiersorten anfertigen und mischen.

SO WIRD'S GEMACHT

Auf ein festeres Stück Papier oder Karton die Hälfte eines Anhängers vorzeichnen und ausschneiden. Der Zuschnitt dient dann als Schablone.

Ein Blatt Papier so zur Ziehharmonika falten, dass die Schablone genau darauf passt. Diese mit einer Klammer auf dem Papierstreifen fixieren, mit einem Bleistift abzeichnen und anschließend ausschneiden. Dabei darauf achten, dass die gerade Kante der Schablone am Falz anliegt.

Die gefalteten Teile mit Papierkleber am Falz aufeinanderkleben und zwischendurch immer kurz trocknen lassen. In der Mitte kann evtl. ein kleines Band oder eine Kordel eingeklebt werden, so hat man gleich einen passenden Anhänger. Insgesamt so mindestens neun Teile aneinanderkleben – fertig!

STERNENGIRLANDE

Im letzten Advent kam meine Tochter eines Tages freudestrahlend aus unserem Büro mit einem goldenen Glitzerkarton in der Hand. Wer kleine Mädchen kennt, der weiß, wie sehr sie Glitzer lieben. Wir haben auf die Rückseite jede Menge Sterne aufgezeichnet und meine Kleine hat sie mit einer unbändigen Geduld und Sorgfalt ausgeschnitten. Es war an einem Sonntagnachmittag, wir hatten einen großen Spaziergang im Wald gemacht und einen Korb voller Lärchenzweige gesammelt.
Es war eine Woche vor dem ersten Advent und wir hatten beide große Lust, etwas Weihnachtliches zu werkeln. So haben wir an diesem Tag gleich zwei Girlanden gebastelt. Mit einer wurde sofort unsere Küche dekoriert und die andere haben wir sorgfältig in eine Zellophantüte verpackt und an die Oma verschenkt.
Girlanden sind einfach eine tolle Deko, vorm Fenster, an der Wand, am Treppengeländer und sogar im Weihnachtsbaum.
Bei den Motiven ist quasi alles möglich. Sterne sind eine klassische Variante, die im Advent immer passt. Aber auch kleine Fähnchen, Tannenbäume und Dalapferde kann ich mir sehr gut vorstellen.

BENÖTIGTES MATERIAL

(für 1 Girlande)
Sternenschablone
Stift
dickes Kraftpapier
Schere
Heißklebepistole (z. B. von Rayher)
Jutegarn 3–5 mm natur (z. B. von Rayer), mind. 2 m lang

SO WIRD'S GEMACHT

Mithilfe der Schablone mind. 20 Sterne auf das Kraftpapier übertragen. Soll die Girlande an einem Fenster hängen und ist also sowohl von der Vor- als auch von der Rückseite sichtbar, benötigt man die doppelte Menge Sterne.

Die Sterne ausschneiden und die Heißklebepistole anschließen. Wenn diese sich erwärmt hat, jeweils einen kleinen Streifen Kleber auf einen Stern geben und das Jutegarn daraufkleben. Dabei zwischen den Sternen immer etwas Platz lassen, je nachdem, wie lang und wie »voll« die Girlande sein soll.

Bei einer »Fenstergirlande« immer zwei Sterne gegeneinanderkleben, sodass sich das Juteband in der Mitte befindet. Fertig!

SNACK
21 MAMH
hej

Zuhause ist es in der Weihnachtszeit am schönsten. Es sind besondere Momente und für mich die schönsten im Jahr: brennende Kerzen auf dem Adventskranz und natürlich die Vorfreude auf das Weihnachtsfest.

Vanilje-
sukker

SELBST GEMACHTE GESCHENKE

Selbst Gemachtes für liebe Menschen – es macht so Spaß, zu Hause etwas Tolles zu zaubern, es dann zu verschenken und in strahlende Gesichter zu schauen. Es müssen nicht immer große Geschenke sein, denn am schönsten sind doch die Dinge, in die man besonders viel Herzblut gesteckt hat. Egal, ob für die Eltern, Großeltern, Kollegen und Freunde.

WEIHNACHTSKONFITÜRE

Am Wochenende frühstücken wir immer ausgiebig und Konfitüre darf auf unserem gedeckten Tisch nicht fehlen. Und frisch selbst gemacht schmeckt sie einfach am besten. Da die Obstauswahl im Winter nicht so groß ist wie im Sommer, greife ich hier gerne auf Tiefkühlfrüchte zurück.

ZUTATEN

Für die Konfitüre

1250 g gemischte TK-Beeren (750 g Erdbeeren und 500 g Himbeeren)
1 Zimtstange
1 Sternanis
Mark von 1 Vanilleschote
2 TL Lebkuchengewürz
2 reife Birnen
500 g Gelierzucker 2:1

Außerdem

5–6 sterile Marmeladegläser à 240 g

ZUBEREITUNG

Das TK-Obst zusammen mit den Gewürzen in einen Topf geben und auftauen lassen. Anschließend die Birnen schälen, entkernen, in Stücke schneiden und ebenfalls in den Topf geben. Den Gelierzucker hinzufügen. Alles unter Rühren langsam aufkochen und 3–4 Minuten sprudelnd aufkochen. Dann die Zimtstange und den Sternanis entfernen und die Mischung je nach Geschmack grob pürieren.

Die Masse in die Gläser füllen, die Gläser fest verschließen, kurz auf den Kopf stellen und dann wieder umdrehen. Anschließend die Konfitüre abkühlen lassen.

TIPP

Letztendlich lässt sich hier auch einfach das Lieblingsobst verwenden. Ich habe rote Sorten gewählt, denn sie passen für mich nicht nur farblich perfekt in die Weihnachtszeit, sondern lassen sich außerdem prima mit weihnachtlichen Gewürzen kombinieren, sodass sie sich beim Festmenü zu dunklem Fleisch oder einer Käseplatte super einsetzen lassen.

SALZKARAMELLBUTTER

Diese Salzkaramellbutter koche ich bereits seit Jahren, esse ich selber gerne und verschenke ich auch. Sie ist ruckzuck zubereitet; hat man sie erst im Kühlschrank, ist sie meistens schnell weg, da sie so lecker ist. Denn sie schmeckt himmlisch zum Frühstück als Aufstrich oder einfach so zwischendurch ... Ich habe sie mir sogar schon über mein Morgenmüsli gegeben.
Die Salzkaramellbutter ist ein tolles Geschenk für Herzensmenschen. Am liebsten gebe ich die Butter dazu nach dem Kochen in kleine Einmachgläser. Das sieht besonders hübsch aus und man kann sie so gut verschenken – ein kleines Spitzenband herumbinden und fertig ist die Verpackung.

ZUTATEN

200 g feiner Zucker
180 g süße Sahne
100 g Butter
4 Prisen grobes Salz
1 Prise Zimtpulver

Außerdem

2 Einmachgläser à 120 g (oder andere Schraubdeckelgläser)

ZUBEREITUNG

Den Zucker in einer Pfanne mit hohem Rand langsam schmelzen, dabei darauf achten, dass er nicht zu dunkel wird; das Schmelzen kann eine längere Zeit dauern und man muss etwas Geduld aufbringen. Die Sahne in einem Topf leicht erwärmen und mit Zimt würzen.

Wenn der Zucker karamellisiert ist, die Butter einrühren und das Salz hinzufügen. Anschließend die Sahne zum Karamell geben.

Zuletzt alles noch einmal aufkochen und dann in die vorbereiteten sterilisierten Gläser füllen. Im Kühlschrank aufbewahrt hält sich die Salzkaramellbutter etwa 2 Wochen.

CHRISTMAS-GRANOLA À LA ANNA

Zum Frühstück gibt es in der Woche bei uns immer homemade Granola mit Joghurt und frischem Obst. Selbst gemacht schmeckt die Granola einfach viel besser als gekauft und in der Weihnachtszeit lässt sie sich zusätzlich noch mit weihnachtlichen Gewürzen und gehackten Weihnachtskeksen pimpen.

ZUTATEN

150 g Pekannusskerne
100 g Cashewnusskerne
6 Spekulatiuskekse
500 g feine Haferflocken
100 g gepuffter Dinkel
2 TL Zimtpulver
2 TL Lebkuchengewürz
5 TL ungesüßtes Kakaopulver
8 EL Rapsöl
180 g flüssiger Honig
1 Tafel Zartbitterschokolade

ZUBEREITUNG

Den Backofen auf 160 °C Umluft vorheizen. Zwei Backbleche mit Backpapier auslegen.

Die Nüsse und die Kekse grob hacken. Beides mit Haferflocken, Dinkel, Zimt, Lebkuchengewürz und Kakaopulver in einer großen Schüssel mischen. Das Öl und den Honig zusammen erwärmen und unter die Masse in der Schüssel mischen. Alles gut miteinander verrühren und auf den Blechen verteilen. Die Granola im vorgeheizten Ofen etwa 20 Minuten rösten, dabei zwischendurch einmal wenden.

In der Zwischenzeit die Schokolade hacken. Nach Ende der Backzeit die Granola gut abkühlen lassen und dann mit den Schokoladenstücken mischen.

TIPP

Das Rezept lässt sich ganz nach dem eigenen Geschmack und Vorratsschrankinhalt abändern. So kann man immer mal eine neue Variante ausprobieren.

SCHOKOLIERTE JUL-MANDELN

Du brauchst noch ein schnelles Geschenk für »gute Geister«, liebe Nachbarn, Arbeitskollegen oder Freunde? Dann sind diese gebrannten Mandeln einfach perfekt, denn hübsch verpackt zaubern sie dem Beschenkten gleich ein Lächeln ins Gesicht.
Wenn du genauso sehr weiße Schokolade magst wie ich, kannst du dir natürlich auch selbst ein Glas davon schenken. Und zum Beispiel deinen Lieblings-Weihnachtsfilm einlegen, dabei einen Chai Latte schlürfen – mit einem großen Glas weiß schokolierten Mandeln neben dir. Einem perfekten Weihnachtsabend steht damit nichts mehr im Wege.
Ich persönlich liebe es, im Advent Weihnachtsfilme zu schauen. Meistens stellen wir schon immer recht früh den Baum auf, sodass wir richtig lange etwas von dem Baum haben und es abends so richtig gemütlich ist, wenn nur der Baum und ein paar Kerzen leuchten und ein leichter Duft von Zimt den Raum erfüllt.

ZUTATEN

200 g Mandelkerne
(am besten ohne Haut, mit geht aber auch)
2 Päckchen Vanillezucker
200 g weiße Schokolade
1 TL Zimtpulver
(oder Spekulatiusgewürz)
100 g Puderzucker

ZUBEREITUNG

Die Mandeln mit 50 ml Wasser und dem Vanillezucker in einer Pfanne erhitzen, bis die Flüssigkeit verdampft ist. In der Zwischen. zeit die Schokolade über einem Wasserbad schmelzen und mit Zimt würzen. Die Mandeln und die Schokolade in einer Schüssel vermischen, sodass alle Mandeln mit Schokolade überzogen sind.

Den Puderzucker sieben. Zuletzt die Mandeln in mehreren Teilen durch den Puderzucker ziehen.

BADEKUGELN MIT ROSMARIN UND KOKOSÖL

Diese Kugeln sind das perfekte Geschenk, schnell gemacht und einfach ein kleiner Hingucker im Badezimmer!

ZUTATEN

(für ca. 10 Badekugeln)

120 g Kokosöl
400 g Natron
200 g Zitronensäure
120 g Speisestärke
2–3 EL gehackter frischer Rosmarin (und/oder Lavendel)
20 Tropfen Lavendelöl
Badekugelformen

ZUBEREITUNG

Das Kokosöl über einem Wasserbad schmelzen. Das Natron mit der Zitronensäure und der Speisestärke in einer großen Schüssel vermischen. Die Hälfte der gehackten Kräuter unterrühren. Zuletzt das geschmolzene Kokosöl zusammen mit dem Lavendelöl hinzufügen und alles miteinander vermischen. Die Masse sollte sich gut formen lassen; falls sie zu trocken ist, noch ein paar Spritzer Wasser hinzufügen.

In jeweils eine Hälfte der Formen ein paar Kräuter geben und die Formen mit der Kokosöl-Masse befüllen. Immer zwei Hälften aneinanderdrücken und die Kugeln 24 Stunden im Kühlschrank aushärten lassen. Dann die Kugeln vorsichtig aus den Formen lösen.

Durch die Zitronensäure und das Natron schäumen die Kugeln im Wasser. Das Kokosöl macht die Haut samtig weich und geschmeidig, sodass sie sich wie eingecremt anfühlt.

TIPP

Die Badekugeln lassen sich auch mit den Händen formen, allerdings erfordert es etwas Übung. Außerdem kann man die Kräuter und das Lavendelöl je nach Geschmack austauschen. Und für bunte Badekugeln die Masse mit etwas Lebensmittelfarbe, am besten in Pulverform, einfärben.

Kokosöl
Stärke
Natron
Zitronen-
säure

VANILLEZUCKER

Vanillezucker ist etwas, das zumindest in unserer Küche ständig benutzt wird. Selbst gemacht duftet er nicht nur viel besser, er ist außerdem in der Verwendung viel aromatischer. Da die Zubereitung ganz einfach ist, mache ich immer etwas mehr und habe dann einen kleinen Vorrat an »Vanillezucker-Geschenke-Fläschchen«, auch zum Verschenken. Denn mit der richtigen Verpackung freut sich darüber vermutlich jeder, der gerne in der Küche zaubert. Fest steht auf jeden Fall: Bei uns gibt es keine Weihnachtsbäckerei ohne diesen duftenden Zucker!

ZUTATEN

1 Vanilleschote
150 g Zucker
(entweder weiß oder braun)

Außerdem
Fläschchen oder Gläser mit Deckel

ZUBEREITUNG

Die Vanilleschote in kleinere Stücke schneiden und zusammen mit dem Zucker in einer Küchenmaschine fein zerkleinern.

Den Vanillezucker in kleine Fläschchen oder Gläser füllen, fest verschließen und vor der ersten Verwendung mindestens zwei Wochen durchziehen lassen, erst dann hat der Zucker das ganze Aroma der Vanilleschote aufgenommen. Der Zucker ist in einem fest verschlossenen Fläschchen oder Glas mindestens 2 Jahre haltbar.

Vanilje-
sukker

GESCHENKE VERPACKEN

Eine schöne Verpackung gehört für mich zum Geschenk dazu. Ich liebe es dabei minimalistisch, schlicht und klar mit kleinen Details, die am besten auch, wie das Geschenk selbst, zum Beschenkten passen.

GESCHENKE VERPACKEN

Was wäre die Weihnachtszeit ohne Geschenke? Es macht mir das ganze Jahr über so große Freude, andere zu beschenken, dass ich an Weihnachten dann voll und ganz auf meine Kosten komme. Ich führe tatsächlich das ganze Jahr über Listen für meine Lieben, auf denen ich mir gleich notiere, falls mir ein gutes Geschenk einfällt. So habe ich eigentlich noch nie lange überlegen müssen, wenn es dann so weit ist, womit ich wem eine Freude machen kann.

Ganz besonders sind sicherlich selbst gemachte Geschenke, die mit viel Liebe zum Detail hergestellt werden. Ein tolles Adventskalendergeschenk sind beispielsweise die Kalenderkerzen (siehe S. 56), die einen dann durch den ganzen Monat begleiten. Schön verpackt werden sie gleich noch wertiger.

In diesem Kapitel zeige ich dir ein paar solche schöne Geschenkverpackungen. Total gerne mag ich es, wenn meine die Verpackungen meiner Herzensteile zueinander passen und einzelne Elemente, wie Anhänger, Bommeln, Schleifenbänder o. Ä., immer wieder auftauchen, so ergibt sich ein einheitliches Bild. Für die Kinder wird es dann natürlich bunter, denn für meinen kleinen Sohn ist das Papier momentan noch das tollste Geschenk!

Meistens verpacke ich alles auf einmal und zelebriere das richtig. Entweder läuft dazu ein Weihnachtsfilm oder passende Musik und auf keinen Fall dürfen Kekse und ein weihnachtliches Getränk fehlen.

BENÖTIGTES MATERIAL

dicker Karton
Schere
Wolle

SO WIRD'S GEMACHT

Geschenkeverpackung Variante A
In der Regel verwende ich Papier in sehr gedeckten Farben. Packpapier ist ein absoluter Klassiker, der das ganze Jahr über passt und zudem nach eigenen Ideen gestaltet werden kann. Das Papier hat eine tolle raue Haptik, lässt sich bemalen sowie bestempeln und so zu einzigartigen Kunstwerken gestalten. Auch Kinder können hier super Hand anlegen und dem Geschenkpapier für Oma und Opa den letzten Schliff geben. Für diese Variante habe ich aus Restwolle einige Pompons gebunden und danach auf die Päckchen geklebt.

Zwei Kreise aus dickerem Karton ausschneiden und in die Mitte ein Loch schneiden. Je größer die Kreise, umso größer wird am Ende der Pompon, und je kleiner das Loch in der Mitte umso flauschiger wird der Bommel. Die beiden Scheiben übereinanderlegen und mit der gewünschten Wolle durch das Loch in der Mitte umwickeln. Je mehr Wolle man um die Ringe wickelt, umso dicker und wuscheliger wird der Pompon. An der Längsseite zwischen den Ringen die Wolle aufschneiden und einen Wollfaden zwischen die beiden Pappringe ziehen und verknoten. Der Faden sollte nicht zu schnell reißen, damit er gut verknotet werden kann. Nun lassen sich die beiden Pappringe vorsichtig auseinanderziehen und entfernen.

BENÖTIGTES MATERIAL

Filigranes Geschenkpapier
(z. B. von House Doctor,
über Geliebtes Zuhause)
Anhänger aus Kaltporzellan
(Anleitung siehe S. 110)
Bäckergarn (z. B. in Grau)
Kleine Zweige (z. B. Olive
oder Eukalyptus)

SO WIRD'S GEMACHT

Geschenkeverpackung Variante B
Die Päckchen habe ich mit einem hellgrauen Papier mit filigranem Blütenmuster verpackt und anschließend mit Anhänger aus Kaltporzellan geschmückt. Die Anhänger lassen sich direkt passend anfertigen, je nachdem, für den die Geschenke sein sollen. So kann man z. B. die Anfangsbuchstaben der Beschenkten einbringen, genauso wie kleine Weihnachtsgrüße oder Zeichnungen. Auch ganz schlicht sind sie ein toller Hingucker! Wie man die kleinen Anhänger aus Kaltporzellan macht, zeige ich dir auf S. 110.

Die Anhänger habe ich mit dünnem, grau-weißem Bäckergarn auf die Geschenke gebunden. Ein kleiner Olivenzweig passt super dazu.

BENÖTIGTES MATERIAL

Geschenkpapier in Schwarz und Weiß (z. B. von TineKHome)
Origamisterne aus Pergamentpapier (Anleitung siehe S. 112)
Schwarzes Juteband (z. B. von Rayher)

SO WIRD'S GEMACHT

Geschenkeverpackung Variante C
Sterne sind in der Adventszeit ein Muss, und so dürfen sie auch beim Verpacken von Geschenken nicht fehlen. Mit den gefalteten Origamisternen lassen sich Verpackungen ganz besonders aufwerten und die Sterne können anschließend noch zur weiteren Deko eingesetzt werden. Ich habe mittlerweile eine ganze Kiste mit gefalteten Sternen im Keller, die zur Weihnachtszeit an allen möglichen Stellen verwendet werden.

Bei den Geschenken im Sternenpapier bin ich in der schwarz-weißen Farbvariante geblieben und habe schwarzes Naturgarn als Schleifenband benutzt.

ANHÄNGER AUS KALTPORZELLAN

Diese Anleitung ist perfekt für einen kalten Adventsnachmittag zu Hause. Wenn man das Material für das Kaltporzellan hergestellt hat, kann man sofort starten und es funktioniert genauso wie beim Plätzchen-Ausstechen. Es lassen sich dazu entweder Ausstecher verwenden oder man schneidet mit einem scharfen Messer nach eigenen Vorlagen Bilder aus der Masse aus.
Kaltporzellan hat eine wunderschöne weiße Farbe, die auch so bleibt und nicht, wie z. B. beim Salzteig, bräunlich wird.

BENÖTIGTES MATERIAL

60 g Speisestärke
125 g Natron + etwas mehr nach Bedarf
1 TL Speiseöl
Wasser
Nudelholz
Ausstecher oder ausgeschnittene Vorlagen und Messer
Holzspieß
evtl. wasserfester Permanentmarker 0,2 mm

SO WIRD'S GEMACHT

Speisestärke, Natron, 85 ml Wasser und Speiseöl in einen kleinen Topf geben und auf dem Herd langsam erwärmen. Dabei immer wieder umrühren, bis eine feste Masse, so ähnlich wie Knete, entsteht. Diese mit dem Löffel zu einem Teigklumpen formen und abkühlen lassen.

Anschließend den Teig mit einem Nudelholz 2–3 mm dick ausrollen und die gewünschten Formen ausstechen oder -schneiden. Sollte der Teig zu klebrig sein, etwas Natron auf die Arbeitsfläche streuen. Für Anhänger mit einem Holzspieß jeweils ein kleines Loch in die Formen bohren.

Die fertigen Formen auf ein Brett legen und 2–3 Tage gut durchtrocknen lassen.

Zuletzt können die kleinen Anhänger evtl. noch mit einem wasserfesten Permanentmarker verziert werden. Ich habe Anhänger z. B. mit Buchstaben und kleinen Ornamenten verziert. So lassen sie sich auch perfekt als Geschenkanhänger (siehe S. 108) verwenden.

Auch als Christbaumschmuck sind die Kaltporzellanbilder einfach perfekt. Sie sollten allerdings nicht mit Wasser in Berührung kommen, denn dann werden sie weich und brüchig.

ORIGAMISTERN

Bei diesen schönen Sternen hat man den »Dreh« beim Falten ganz schnell raus. Was man für diese Origamisterne braucht, hat man zu Hause, sodass man gleich loslegen kann. Sie lassen sich dann nicht nur perfekt als Deko für Weihnachtskarten verwenden, sondern auch als Geschenk- und Weihnachtsbaumanhänger.

BENÖTIGTES MATERIAL

quadratisches Papier
(am besten Drucker- oder Geschenkpapier)
Schere
evtl. Lochzange und Band zum Aufhängen

SO WIRD'S GEMACHT

Das Papier in der Mitte falten. Die geschlossene Kante liegt danach unten.

Die rechten oberen Ecken zur unteren Kante falten und nur in der Mitte leicht knicken. Danach wieder auffalten.

Anschließend die rechte untere Ecke zur oberen Kante falten und ebenfalls in der Mitte leicht andrücken, sodass ein kleiner Knick entsteht. Das Papier wieder auffalten. Auf der rechten Seite ist in der Mitte nun ein kleines gefaltetes Kreuz entstanden.

Die linke untere Papierhälfte zu dem entstandenen Kreuz falten. Den Falz glatt streichen.

Die gleiche Ecke wird nun wieder nach links gefaltet, und zwar so, dass sie bündig mit der Außenkante abschließt.

→

Die rechte untere Ecke wird dann nach oben an die zuvor entstanden »Tüte« gefaltet.

Danach die rechte Seite möglichst ordentlich hinter die kleine Tüte knicken und glatt streichen.

Nun den oberen Teil, entlang der entstandenen Linie (siehe Foto), mit einer Schere abschneiden.

Die Tüte auseinanderfalten, um ein Fünfeck mit diversen gefalteten Linien zu erhalten. Die untere gerade Kante nach oben falten, bis diese mit den Ecken an die bereits vorhandenen Falzlinien stößt. Wieder auffalten und mit allen anderen Seiten wiederholen, bis ein kleiner Stern entstanden ist (dem allerdings seine Spitzen fehlen).

Nun wird es etwas komplizierter und die folgenden Schritte erfordern evtl. etwas Übung. Eine Kante wird wieder nach oben gefaltet und gleichzeitig legt sich die linke Kante darüber. So entsteht zwischen den beiden Kanten ein neuer Falz, der glatt gestrichen wird. Die Seiten wieder auseinanderfalten und den Vorgang an allen anderen Kanten wiederholen.

Der Stern lässt sich anschließend anhand der neuen Linien nach innen falten, sodass bereits ein kleiner gefalteter Stern wie auf dem Foto (Mitte rechts) entsteht.

Den Stern umdrehen, die Kanten zum Mittelpunkt falten und glatt streichen. Dieses an allen Seiten wiederholen und dabei im Uhrzeigersinn vorgehen. Die letzte Kante ist etwas kniffelig, da man die erste gefaltete Kante noch mal etwas anheben muss. Zuletzt alles gut glatt streichen und sich über das fertige Sternchen freuen! Zum Aufhängen ein Loch in eine der Zacken schneiden, ein Band durchfädeln und verknoten.

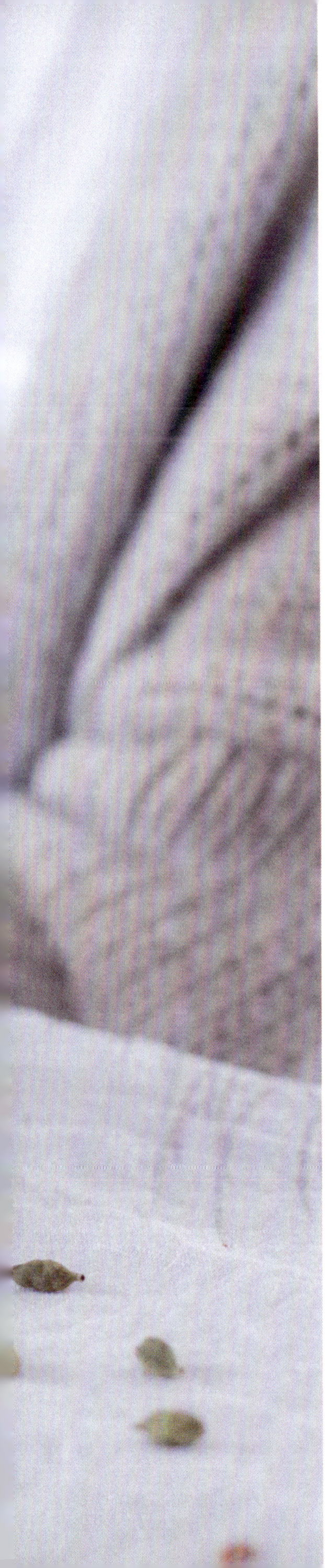

WEIHNACHTLICHE GETRÄNKE

Weihnachtliche Gewürze, die durchs Haus ziehen, runden die Stimmung erst so richtig ab! Das gilt nicht nur für den Duft von frisch gebackenen Lebkuchen, Plätzchen und Co., sondern ebenso für würzig warme Getränke, wie ein heißer Chai Latte. Die sind nach einer Winterwanderung gleich doppelt gut. Aber auch bei der einen oder anderen Stunde, die man am Adventskranz oder Weihnachtsbaum verbringt, ist ein passender Drink perfekt.

WHITE CHOCOLATE MOCCA

Wenn man durchgefroren nach einem langen Schneespaziergang wieder ins warme Zuhause kommt, ist ein selbst gemachter White Chocolate Mocca mit extra viel Milchschaum, doch genau das Richtige!
Unheimlich gut dazu schmecken übrigens die selbst gebackenen Vanillekipferl von S. 14.

ZUTATEN
(für 1 Glas oder 1 Tasse)

250 ml heiße Milch
6 Stücke weiße Schokolade
1 doppelter Espresso
1 kleiner Schuss weißer Schokoladensirup
Milchschaum (oder geschlagene süße Sahne zum Garnieren)
Zimtpulver zum Garnieren

ZUBEREITUNG

Die Milch unter Rühren auf dem Herd erhitzen und die weiße Schokolade darin schmelzen.

Den doppelten Espresso in ein Glas oder eine Tasse geben und den Schokosirup hinzufügen.

Alles mit der heißen Schokoladenmilch aufgießen und mit Milchschaum (oder Sahne) garnieren. Zuletzt einen Hauch Zimt über den Mocca geben.

TIPP

Wer es noch schokoladiger mag, der rührt einfach mehr weiße Schokoladenstücke hinein. Ich liebe es, wenn sie langsam schmilzt und dann am Löffel kleben bleibt! Wer es nicht so süß mag, kann die weiße Schokolade durch zartherbe ersetzen.

CHAI LATTE

Einen der besten Chai Latte habe ich in einem kleinen Café in Kopenhagen getrunken. Für mich ist dieses Getränk daher mit schönen Erinnerungen verbunden, die ich mir mit dem Rezept einfach nach Hause hole. Chai Latte ist schon ein besonderes Getränk, und da so viele Gewürze hineinkommen, duftet es schon bei der Zubereitung lecker. Und ich weiß noch genau, wie wir die Fotos für dieses Buch gemacht haben und uns anschließend mit dem duftenden Getränk eine Pause gegönnt haben. Es ist einfach perfekt, um eine kleine Auszeit zu genießen – auch am Adventskranz!

ZUTATEN
(für 3 Tassen)

1 TL Gewürznelken
1 Zimtstange
4 Kardamomkapseln
(oder 1 TL Kardamompulver)
1 Sternanis
1 TL Zimtpulver
½ TL klein geschnittener
frischer Ingwer
3 Beutel schwarzer Tee
Wasser
400 ml Milch
2 EL Rohrzucker

Außerdem
Teefilterbeutel

ZUBEREITUNG

Die Nelken mit der Zimtstange, den Kardamomkapseln und dem Sternanis in einen Mörser geben und etwas zerkleinern, damit sich die Aromen besser entfalten. Zusammen mit dem Zimt und dem Ingwer in einen Teefilterbeutel geben.

800 ml Wasser mit dem schwarzen Tee zum Kochen bringen und die Gewürze im Teefilterbeutel hinzufügen. Alles auf mittlerer Stufe etwa 10 Minuten kochen lassen. In der Zwischenzeit die Milch erwärmen und aufschäumen.

Anschließend alle Teebeutel entfernen und den Chai-Tee auf die Tassen verteilen. Zuletzt mit etwas Zucker süßen und mit der aufgeschäumten Milch auffüllen.

GLÜHWEINSIRUP

Glühweinsirup schmeckt nicht nur sehr köstlich im Tee, Kaffee oder Punsch, sondern auch in einem Gläschen Prosecco an Weihnachten. Auch über Vanilleeis schmeckt der Sirup köstlich.

ZUTATEN

Für den Sirup

1 Flasche trockener Rotwein (z. B. Regent vom Weingut Kessler in Prichsenstadt)
250 ml Wasser
2 Zimtstangen
3 Sternanis
1 Vanilleschote (aufgeschnitten und ausgekratzt)
8 Nelken
4 Bio-Orangen
300 g brauner Zucker

Außerdem

3 Flaschen à 250 ml

ZUBEREITUNG

Den Rotwein, 250 ml Wasser sowie die Gewürze in einen Topf geben und langsam erwärmen.

Eine Orange heiß abwaschen und in Scheiben geschnitten hinzufügen. Eine halbe Stunde langziehen lassen. Der Sud soll dabei nicht kochen, sonst verdampft schon zu viel Flüssigkeit.

Den Wein mit den Gewürzen durch ein Sieb gießen und wieder zurück in den Topf füllen.

Den braunen Zucker hinzufügen, ebenso den Saft der drei übrigen Orangen. Anschließend bei starker Hitze für 10–12 Minuten einkochen. Die Flüssigkeit reduziert sich nun sirupartig.

Zuletzt den Sirup in sterile Flaschen füllen und fest verschließen.

Kühl und dunkel gelagert hält er sich mehrere Monate.

TIPP

Wenn man anstatt Rotwein roten Traubensaft verwendet und die Menge des Zuckers halbiert, lässt sich eine alkoholfreie Variante einkochen, die ebenso gut schmeckt!

VORLAGEN KERZENLOGOS

01	02	03	04	05
06	07	08	09	10
11	12	13	14	15
16	17	18	19	20
21	22	23	24	☆

god jul

auspusten ☆ wünschen

leaves and butterflies

WUNSCH ☆ LICHT

leaves and butterflies

IMPRESSUM

Autorin: Anna Parwoll
Fotos & Styling: Anna Parwoll
Produktmanagement: Svenja Wiglinghaus
Lektorat: Constanze Lüdicke
Korrektorat: Anna Maier
Umschlaggestaltung: Regina Degenkolbe
Layout & Satz: Elke Mader
Repro: LUDWIG:media
Herstellung: Kathleen Baumann
Printed in Slovakia by Neografia

Herstellerverzeichnis

Dieses Buch wurde freundlicherweise unterstützt durch Materialien von:

- Rayher Hobby GmbH, www.Rayher.com
- Geliebtes Zuhause, www.geliebtes-zuhause.de
- Inside Living, www.inside-living.de
- Winzerhof Keßler, www.winzerhof-kessler.de
- Textilwerk, www.textilwerk.com/de

★★★★★

Sind Sie mit diesem Titel zufrieden? Dann würden wir uns über Ihre Weiterempfehlung freuen. Erzählen Sie es im Freundeskreis, berichten Sie Ihrem Buchhändler oder bewerten Sie bei Onlinekauf. Und wenn Sie Kritik, Korrekturen oder Aktualisierungen haben, freuen wir uns über Ihre Nachricht an: Christian Verlag, Postfach 40 02 09, D-80702 München oder per E-Mail an lektorat@verlagshaus.de.

Unser komplettes Programm finden Sie unter

www.christophorus-verlag.de

Die Deutsche Nationalbibliothek verzeichnet diese Publikation in der Deutschen Nationalbibliografie; detaillierte bibliografische Daten sind im Internet über http://dnb.de abrufbar.

2. Auflage 2022

Infanteriestraße 11a
D 80797 München

ISBN 978-3-8388-3798-7

Kreativ-Service

Sie haben Fragen zu den Büchern und Materialien? Frau Erika Noll ist für Sie da und berät Sie rund um alle Kreativthemen. Rufen Sie an! Wir interessieren uns auch für Ihre eigenen Ideen und Anregungen. Sie erreichen Frau Noll per E-Mail: kreativ-service@c-verlag.de oder Tel.: +49 (89) 13 06 99-577.

Besuchen Sie uns im Internet: www.christophorus-verlag.de & www.selbstgemacht.de

Ebenfalls erhältlich ...

ISBN 978-3-8388-3793-2

ISBN 978-3-8388-3796-3

ISBN 978-3-8388-3792-5

ISBN 978-3-8388-3719-2

www.christophorus-verlag.de